Reden und Vorträge
zu runden Geburtstagen

Reden und Vorträge zu runden Geburtstagen

Musterreden und Rednertipps

Im FALKEN Verlag sind zahlreiche Titel zu den Themen Rhetorik und Reden erschienen.
Sie sind überall erhältlich, wo es Bücher gibt.
Speziell zum Thema Geburtstag sind im FALKEN Taschenbuch erschienen:
Reden zum Geburtstag (60116)
Neue Geburtstagsreden (60126)

Sie finden uns im Internet: www.falken.de

Der Text dieses Buches entspricht den Regeln der neuen deutschen Rechtschreibung.

Dieses Buch wurde auf chlorfrei gebleichtem und säurefreiem Papier gedruckt.

ISBN 3 635 60535 2

©1999 by FALKEN Verlag, 65527 Niedernhausen/Ts.
Die Verwertung der Texte und Bilder, auch auszugsweise, ist ohne Zustimmung des Verlags urheberrechtswidrig und strafbar. Dies gilt auch für Vervielfältigungen, Übersetzungen, Mikroverfilmungen und für die Verarbeitung mit elektronischen Systemen.
Umschlaggestaltung: Zembsch' Werkstatt, München
Layout: Bettina Christ
Redaktion: Falk Steins, Niedernhausen/Sabine Weeke
Herstellung: Bettina Christ
Satz: DM-SERVICE Mahncke & Pollmeier GmbH & Co. KG, Rodgau
Druck: Freiburger Graphische Betriebe GmbH, Freiburg

Die Ratschläge in diesem Buch sind von Autor und Verlag sorgfältig erwogen und geprüft, dennoch kann eine Garantie nicht übernommen werden. Eine Haftung des Autors bzw. des Verlags und seiner Beauftragten für Personen-, Sach- und Vermögensschäden ist ausgeschlossen.

817 2635 4453 6271

Inhalt

Vorwort	8
Reden Sie! Kleine Rhetorikschule	10
Vorab	10
Frei oder vom Blatt?	10
Kann man freies Sprechen trainieren?	13
Was wollen Sie eigentlich sagen?	14
Die Wahl des Gegenstands	15
Können Sie sich verständlich machen?	16
Ohne Marotten	17
Wie soll ein Redemanuskript aussehen?	20
Zum Thema Körpersprache	22
Wie überwinden Sie Ihre Redeangst?	24
Zum 20. Geburtstag	25
Die Eltern sprechen zum Geburtstag ihrer Tochter	25
Die beste Freundin spricht	26
Die große Schwester spricht zum Geburtstag des Bruders	28
Ein Freund spricht	29
Zum 30. Geburtstag	31
Der Ehemann spricht zum Geburtstag seiner Frau	31
Die Ehefrau spricht zum Geburtstag ihres Mannes	32
Ein Mann spricht zum Geburtstag eines nahen Freundes	34
Eine Frau spricht zum Geburtstag ihrer Freundin	35

Inhalt

Zum 40. Geburtstag — 37
Ansprache für kaufmännische Kolleginnen
oder Kollegen — 37
Ein älterer Mitarbeiter spricht zum Geburtstag
der Kollegin — 38
Die neue Lebenspartnerin gratuliert dem Mann — 39
Der Ehemann oder Lebenspartner spricht
zum Geburtstag seiner Frau oder Lebenspartnerin — 41
Rede des Vaters für den Sohn — 43
Rede der Eltern (Mutter) für die Tochter — 45
Heiteres Gedicht für den Vierziger/die Vierzigerin — 47

Zum 50. Geburtstag — 49
Der Ehemann spricht zum Geburtstag seiner Frau — 49
Die Ehefrau spricht zum Geburtstag ihres Mannes — 52
Die Nichte spricht zum Geburtstag ihrer Tante — 53
Erwiderung der Jubilarin — 55
Schwestern und Pfleger gratulieren dem Oberarzt — 56
Der Chef würdigt eine verdiente Mitarbeiterin — 57
Vortrag für einen alten Freund — 59

Zum 60. Geburtstag — 62
Rede eines Freundes zum Geburtstag
eines Unternehmers — 62
Die Ehefrau spricht zum Geburtstag ihres Mannes — 65
Der Ehemann spricht zum Geburtstag seiner Frau — 66
Ein Freund aus dem Angelverein gratuliert — 69
Enkelkind (7 bis 9 Jahre) spricht zum Geburtstag
der Großmutter — 71
Enkel (14 bis 16 Jahre) spricht zum Geburtstag
des Großvaters — 72
Danksagung des Jubilars/der Jubilarin
(längere Fassung) — 73
Danksagung des Jubilars/der Jubilarin
(kürzere Fassung) — 74
Ein Schachklub gratuliert dem Mitglied — 75

Inhalt

Zum 70. Geburtstag	77
Die Tochter spricht zum Geburtstag ihrer Mutter	77
Der Sohn spricht zum Geburtstag seines Vaters	79
Die Geburtstagsgäste singen dem Jubilar das Berliner Bolle-Lied	83
Zum 75. Geburtstag	86
Ein ehemaliger Schüler gratuliert dem emeritierten Professor	86
Ein(e) Verwandte(r) spricht zum Geburtstag einer ehemaligen Geschäftsfrau	88
Erwiderung der Jubilarin	91
Zum 80. Geburtstag	93
Eine alte Freundin der Jubilarin spricht	93
Danksagung der Jubilarin	96
Der Sohn (die Tochter) gratuliert dem Vater	97
Zum 90. Geburtstag	99
Die Tochter spricht zum Geburtstag ihrer Mutter	99

Vorwort

Dieses Buch soll Ihnen helfen, eine schwierige Situationen zu meistern: Sie sollen eine Rede halten. Ein runder Geburtstag steht vor der Tür, und man hat Sie gebeten, „ein paar Worte" zu sagen. Und genau diese „paar Worte" zu finden, entpuppt sich als Schwierigkeit.

Sie nehmen also dieses Buch zu Hilfe. Es enthält Mustertexte für Reden, Ansprachen und Vorträge. Wie geht man damit um? Kann man für etwas so Individuelles wie eine Festrede oder Glückwunschansprache überhaupt „mustergültige" Vorgaben – oder auch nur Vorschläge – machen?

Je mehr man sich mit dieser Frage beschäftigt, desto mehr Momente fallen einem auf, die offenkundig allen Geburtstagsreden gemeinsam sind, gleich ob sie aus offiziellem Anlass oder im engsten privaten Kreis, zum 20. oder zum 80. Geburtstag gehalten werden.

Zunächst: Im Mittelpunkt steht eine Person. Mag die Geburtstagsrunde noch so groß sein, der Redner spricht nicht das übrige Publikum an, sondern den Jubilar. Auch wenn es die Redesituation mit sich bringen kann, dass man alle anderen Gäste vor sich hat, gedanklich hat man sie immer hinter sich, sie stehen als Mitgratulanten auf der Seite des Redners, und nicht selten spricht er in ihrer aller Namen.

Dann: Die im Mittelpunkt stehende Person wird gefeiert. Ihre Lebensleistung soll gewürdigt werden. Infolgedessen wird der Redner das Lobenswerte zusammentragen und in Erinnerung bringen. Polemik und Kritik sind dem Anlass unangemessen und haben zu unterbleiben. Das ist die Stunde der Wünsche, nicht der Verwünschungen. Dies schließt nicht aus, den Jubilar auch für seine kleinen Schwächen, um derentwillen man ihn liebt, einmal ein wenig zu necken. Das hängt ganz von der Person, vom Charakter der Feier, vom eigenen Takt und dem Gespür für das jeweils Angemessene ab.

Vorwort

Weiterhin: Der Redner wird immer Gelebtes erinnern und Gutes für die Zukunft beschwören. Es liegt in der Natur des Lebens, dass am 30. Geburtstag weniger Lebensleistung zu würdigen und mehr Zukunft zu hoffen ist, als beim 80., wenn das Leben erfüllt war, die Zukunft sich aber von Tag zu Tag verkürzt. Es gehört zwar zu den üblichen Floskeln, einer 80-jährigen Dame alles Gute für die nächsten 80 Jahre zu wünschen, doch hinterlassen solche Plattheiten den Eindruck, der Redner wolle sich eher umstandslos einer Pflichtübung entledigen, als dass er sich Gedanken darüber machte, was ein älterer Mensch sich wirklich noch vom Leben erwartet.

Schließlich: Der Geburtstag ist ein fröhlicher Tag, auch wenn – namentlich in höheren Lebensaltern – gern etwas Sentimentalität aufkommt. Der Redner tut gut daran, zu dieser fröhlichen Stimmung mit guten Nachrichten und frohen Botschaften beizutragen.

Wenigstens diese vorgenannten Punkte lassen sich in Musterreden und -ansprachen generalisieren. Im vorliegenden Band habe ich versucht, nicht nur unterschiedliche Anlässe zu erfassen, sondern auch verschiedenen Redesituationen gerecht zu werden und unterschiedliche Redetypen anzubieten. Ich unterscheide den Typus Rede, bei der Sie der Hauptredner sind und sehr gewichtige oder sogar offizielle Worte an den Jubilar richten, vom Typus der Ansprache, die kürzer ist, die bei weniger gewichtigen Anlässen gehalten wird oder mit der Sie als zweiter oder dritter Redner hinter dem Hauptredner zurücktreten. Und schließlich führe ich noch Beispiele für den Typus des Vortrags auf, mit dem Sie – unter Umständen zu vorgerückter Stunde – einen Beitrag zur Geselligkeit leisten können. In Fällen, wo Rede, Ansprache oder Vortrag besonderer Hilfsmittel oder gesonderter Vorbereitung bedürfen, ist im Anschluss an den jeweiligen Text in einer Anmerkung darauf verwiesen. Und schließlich werden noch einige Beispiele für Erwiderungen gegeben, mit denen sich der Jubilar oder die Jubilarin für die Wünsche, Geschenke und für die Feier bedanken kann.

Reden Sie! Kleine Rhetorikschule

Vorab

Bevor Sie mit den Vorbereitungen für Ihre Geburtstagsrede beginnen, halten Sie sich bitte vor Augen, mit welchen grundlegenden Erwartungshaltungen Sie konfrontiert werden:
1. Die Geburtstagsgäste sind nicht ausschließlich deshalb gekommen, um Ihre Rede zu hören.
2. Die Geburtstagsgäste wissen, warum sie gekommen sind. Es ist also überflüssig, sie in Ihrer Rede weitschweifig daran zu erinnern: „Wir haben uns heute hier zusammengefunden, um das 70. Wiegenfest gemeinsam mit unserer lieben…" Bitte nicht!
3. Die meisten Geburtstagsgäste erwarten dennoch, von Ihnen die üblichen Worte zu hören. Wann immer es Anlass und Zusammensetzung des Publikums erlauben, sollten Sie daher versuchen, mehr oder weniger weit vom Üblichen abzuweichen.

Sobald Sie sich über diese Prämissen klar geworden sind, können Sie sich der nächsten Frage zuwenden.

Frei oder vom Blatt?

Die Vorgabe der Musterreden, -ansprachen und -vorträge könnte die Empfehlung nahe legen, die Muster einfach – mit einigen notwendigen Änderungen und Anpassungen – aus gegebenem Anlass vorzulesen. Das können Sie natürlich tun, aber ich empfehle es nicht. Grundsätzlich gilt, eine Ansprache ist keine Vorlesung. Wenn Sie dem Sinn dieser beiden Worte – Ansprache und Vorlesung – nachgehen, werden Sie auf unterschiedliche Kommunikationsstrategien stoßen.

Frei oder vom Blatt?

Ob Sie frei sprechen oder vom Blatt ablesen oder eine Redegestaltung wählen, die irgendwo dazwischen liegt, das können letztlich nur Sie selbst entscheiden. Um zu dieser Entscheidung zu kommen, sollten Sie sich einige Fragen beantworten. Der erste Fragenkomplex betrifft Sie selbst. Wie geübt sind Sie im Reden? Wie sicher fühlen Sie sich? Können Sie sich unter Stress auf Ihr Gedächtnis verlassen oder ist es Ihnen schon häufiger passiert, dass Sie einen totalen Blackout hatten?

Der zweite Fragenkomplex betrifft Anlass und Publikum Ihrer Rede. Sprechen Sie offiziell zum 60. Geburtstag des Bürgermeisters oder eröffnen Sie mit ein paar Worten die Kaffeetafel im Familienkreis? Sprechen Sie vor sittenstrengen Methodisten oder vor trinkfesten Kegelfreunden? Sind im Publikum Menschen, die Ihnen übel wollen, oder können Sie sich im Freundeskreis sicher und entspannt fühlen?

Grundsätzlich sollten Sie ein Redemanuskript ausarbeiten, wenn Ihre Rede oder Ansprache einen ausgesprochen offiziellen Anstrich hat und gegebenenfalls sogar in einer Festschrift oder einem Protokollband veröffentlicht wird.

Ebenso sollte es stets Ihr Grundsatz sein, eine geschriebene Rede mehrfach laut zu lesen bzw. zu sprechen, gegebenenfalls Bekannten oder Angehörigen zur Probe vorzusprechen und deren Meinung nicht gering zu schätzen. Dieses Vor-Lesen und Vor-Sprechen verfolgt zwei Ziele. Das erste Ziel ist ein simpel äußerliches: Beim Vor-Lesen bekommen Sie mit, ob und wie gut es Ihnen überhaupt gelingt, eine Rede abzulesen (siehe: Wie soll ein Redemanuskript aussehen?, S. 20). Das zweite Ziel ist ein stilistisches: Sie bekommen heraus, ob Sie überhaupt eine Rede geschrieben haben oder ob es nicht vielmehr eine Schreibe geworden ist. Der Satz „Eine Rede ist keine Schreibe" ist zwar alt, aber er ist wahr.

Beim Schreiben neigen wir dazu, grammatikalische und syntaktische Konstruktionen anzuwenden, die wir in der Schule gelernt haben, und Stilmittel einzusetzen, die an sich richtig und als schriftsprachliche Gepflogenheiten unanfechtbar sind, die im unmittelbaren Zusammenhang einer gesprochenen Rede aber den Sinn der Botschaft verdunkeln beziehungsweise das Verständnis der Rede voll und ganz unmöglich machen können.

Dieser soeben beendete Satz ist ein Beispiel dafür. Beim Lesen eines verschachtelten Satzes haben wir immer die Chance, mit den Augen zurückzuspringen, die Schächtelchen übersichtlich zu sortieren, unverständliche Satzteile mehrfach zu lesen, das Verständnis nach und nach herzustellen – unter Umständen eben so lange, bis wirs kapiert haben. Diese Möglichkeit hat der Zuhörer einer Rede nicht. Ein Satz erklingt, und im (beinahe) gleichen Moment verklingt er wieder, mehr noch: Der nachfolgende Satz löscht ihn aus. Dieser kurze Moment muss ausreichen, um den Sinn zu erfassen und ihn mit dem Sinngehalt der vorangegangenen und folgenden Sätze zu verknüpfen. Hören und Verstehen sind simultane Vorgänge. Darum eignet sich der oben genannte Beispielsatz für eine Rede denkbar schlecht. Er müsste in ihr etwa lauten: Wir schreiben komplizierter als wir sprechen.

Eine sehr lange Rede, die womöglich noch mit Zitaten gespickt ist, bedarf eines Manuskripts; unter Umständen wird sie komplett aufgeschrieben. Lächerlich wirkt es aber, wenn Sie auftreten, ein Manuskript entfalten, den Satz sprechen: „Im Namen aller Mitglieder unseres Heimatvereins wünsche ich Ihnen zum Geburtstag alles Gute!", das Manuskript hernach einstecken und wieder abgehen. Wenige Grußworte und kurze Ansprachen sollten nach Möglichkeit frei gesprochen werden.

Wenn Sie eine Rede – aus welchen Gründen auch immer – aufschreiben, dann versuchen Sie es so: Kämpfen Sie nicht mit dem Papier! Sprechen Sie zuerst einen Satz oder einen Abschnitt so, wie Sie ihn vor Publikum sprechen würden. Formulieren Sie ihn – mündlich – so um, dass er verständlich ist und Ihnen bequem passt. Schreiben Sie ihn dann auf. Verfahren Sie auch mit den Musterreden in diesem Buch so, wenn Sie die eine oder andere für ihren persönlichen Bedarf nutzen. Sprechen Sie die Sätze, als ob Sie Wein verkosten müssten, bauen Sie die Sätze mündlich so lange um, bis Sie Ihren „Wein" gefunden haben.

Kann man freies Sprechen trainieren?

Ein Fahrlehrer sagte einmal einer ängstlichen Fahrschülerin, die sich vor den hohen Geschwindigkeiten auf der Autobahn fürchtete: „Die Angst vor 130 verlieren Sie nicht, wenn Sie 80 fahren."

Die Angst vor freiem Sprechen verlieren Sie nicht, indem Sie Ihre Ansprachen immer ablesen. Früher gab man unsicheren Rednern, die sehr am Blatt klebten, den Ratschlag, sich einen bestimmten Punkt im Raum zu suchen und in bestimmten Abständen den Blick vom Manuskript zu heben und diesen Punkt anzuvisieren. Wer diesen Rat befolgte, bot seinen Zuhörern das Bild eines hypernervösen Vorlesers, der periodisch voller Panik seinen Blick ins Leere schweifen ließ.

Es gibt zwei Extreme, das Reden ohne Manuskript auszuüben. Entweder, man lernt eine zuvor geschriebene Rede auswendig, wie ein Schauspieler eine Rolle lernt. Das ist dann zwar im eigentlichen Sinne keine freie Rede mehr, aber das Verfahren ist durchaus nicht ehrenrührig, wenn es zum Beispiel darum geht, eine kurze, prägnante und womöglich mit Zitaten gespickte Rede zu halten. Oder man stellt sich hin und plaudert einfach drauflos, was einem gerade in den Sinn kommt, wie manche Fernsehmoderatoren. Dieses andere Verfahren verlangt eine gehörige Portion Selbstbewusstsein; der 60. Geburtstag Ihrer Schwiegermutter ist aber unter Umständen nicht der richtige Anlass, es zur Schau zu stellen; es könnte vielmehr als Unverfrorenheit und Arroganz aufgefasst werden. Indes können Sie durchaus einmal in die Situation kommen, dass Sie plötzlich jemand bittet, ein paar Worte zu sprechen, und Sie sollten darauf so gefasst wie möglich reagieren und sprechen, wie Ihnen der Schnabel gewachsen ist.

Zwischen diesen Extremen liegt in der Regel der richtige Weg. Mit einiger Übung und dem Blick fürs Angemessene lässt sich das richtige Maß zwischen vorbereitetem Text und freier Rede finden. Versuchen Sie aber nicht zu brillieren, solange Sie sich noch nicht sicher fühlen.

Der beste Weg, im freien Sprechen Sicherheit zu gewinnen, ist, es ständig zu üben. Dazu müssen Sie nicht fortwährend Geburtstagspartys besuchen. Meetings in Ihrem Unternehmen, Lehrgänge, Seminare, politische Veranstaltungen, Schriftstellerlesungen – kurz, alle Gelegenheiten, bei denen Sie sich zu Wort melden können, machen Sie sicherer und geben Ihnen Auskunft darüber, welche Mittel Ihnen zu Gebote stehen, welchen Situationen Sie rhetorisch gewachsen sind und wo Sie eventuell Probleme bekommen. Dabei wird Ihnen auffallen, dass Ihre Redeangst sich umso mehr vermindert, je genauer Sie wissen, was Sie eigentlich sagen wollen.

Was wollen Sie eigentlich sagen?

„Wir haben uns heute hier versammelt, um den 75. Geburtstag unseres Großvaters zu begehen."

Eine solche Einleitung ist ein glorioser Einfall, wenn es gilt, die Aufmerksamkeit von Ihrer Rede abzulenken. Sagen Sie möglichst nie, was jeder schon weiß. Dass Opa 75 wird, weiß jeder der Anwesenden, sonst wäre er ja nicht anwesend.

„Herr Müller-Sybel war stets zuverlässig." Das können Sie in ein Zeugnis schreiben, aber es gehört wohl nicht in eine Geburtstagsansprache. Abstrakte Begrifflichkeit tötet nach kurzer Zeit jegliches Interesse. „Herr Müller-Sybel war in all seinen 25 Dienstjahren die Zuverlässigkeit in Person." Schon besser, aber noch nicht gut; immerhin wird das abstrakte „stets" schon konkreter. Aber wenn Herr Müller-Sybel die Zuverlässigkeit in Person war, dann möchten wir diese Person auch sehen. „Einmal kam ich spät abends, gegen 23 Uhr, zufällig am Unternehmen vorbei und sah noch Licht an der

Zentrale. Ich dachte im ersten Moment an Einbrecher. Aber es war Herr Müller-Sybel. Er hatte Herrn Bechtheim für den anderen Morgen den Dienstwagen versprochen und war noch einmal ins Büro gefahren, um sich zu vergewissern, dass Schlüssel und Papiere auch tatsächlich an der Zentrale lagen."
Je konkreter Sie eine Eigenschaft des zu Feiernden sinnfällig machen können, je mehr Sie Begriffe in Erlebnisse übersetzen können, desto besser wird das Ihrer Rede bekommen und desto aufmerksamer werden die Zuhörer ihr folgen.

Die Wahl des Gegenstands

Wenn Sie genau wissen, was Sie sagen wollen, fällt es Ihnen auch nicht schwer, die richtigen Worte zu finden. Ein Beispiel? Stellen Sie sich vor, Sie stehen in einem Laden, um Geld für die Parkuhr zu wechseln. Draußen sehen Sie, wie die Politesse, der Sie gerade gesagt haben, dass Sie Geld für die Parkuhr wechseln gehen, Ihnen ein Knöllchen verpassen will. Wetten, dass Sie um Worte nicht verlegen sein werden! Können Sie sich vorstellen, dass Sie für die rhetorischen Feinheiten, die Sie in dieser Situation vom Stapel lassen werden, ein Manuskript brauchen? Anderes Beispiel: Sie holen einen Mantel aus der Reinigung und stellen fest, dass er schmutziger ist als zuvor. Brauchen Sie ein Manuskript, um dem Angestellten der Reinigung klarzumachen, dass Sie seine Leistung nicht akzeptieren?

Das hat nichts mit einer Geburtstagsansprache zu tun? Zugegeben, inhaltlich und situativ nicht. Aber im Prinzip schon. In beiden Beispielen fanden Sie einen klar umrissenen Gegenstand, über den Sie sprechen, und eine eindeutige Situation, in der Sie sprechen. Bei einer Geburtstagsansprache haben Sie sogar einen weiteren Vorteil: Den Gegenstand, über den Sie sprechen wollen, bestimmen Sie selbst, und Sie können sich überdies in der Regel auch noch rechtzeitig darauf vorbereiten. Sprechen Sie beispielsweise über den Anteil, den Ihr Schachpartner am Vereinsleben des Schachklubs „*Springer f 3*" genommen hat, so wird Ihnen vielleicht eine Reihe von Schachpartien oder aber die Marotte des Jubilars, stets mit der Radiergummiseite seines Bleistifts den Knopf der Schachuhr zu drücken, vor Augen stehen. Gibt es etwas über das Hobby des zu Feiernden zu sagen? Gibt sein Beruf, vielleicht durch eine besondere Fachsprache, etwas her, um der Rede eine besondere sprachliche Färbung zu verleihen? Gibt es Episoden aus dem Vorleben, die – gewissermaßen Familieneigentum – als Aufhänger genutzt werden können? Können Witze oder pointierte Anekdoten eingeflochten werden, die eine Beziehung zum Jubilar oder zum Thema Geburtstag haben? Alain Delon soll an seinem 60. Geburtstag gesagt haben: „Allmählich werden die Kerzen teurer als die Torte." Und Rockröhre Nina Hagen, befragt, ob sie sich für ihre Art Musik nicht schon zu alt fühle: „Man ist nie zu alt, höchstens zu spät." Gönnen Sie sich den Spaß, in ein Anekdotenlexikon oder in einen Band mit Witzen von A bis Z zu schauen. Bestimmt finden Sie Anregungen, wie Sie Ihrer Rede die richtige Würze geben können.

Die Situation bei einer Geburtstagsansprache ist im Grunde zwar immer die gleiche – froh gestimmte Gäste und ein Jubilar erzeugen Wohlwollen auf breiter Front – dennoch gibt es Momente, die dem Aufnehmen Ihrer Botschaft extrem ungünstig sind. Es ist nämlich gerade die angenehme, fröhliche Stimmung, die dem Redner oft das Konzept verdirbt.

Können Sie sich verständlich machen?

Bei der Frage, ob Sie verständlich sind, geht es nicht in erster Linie um Ihren Dialekt, um Ihre Wortwahl, Ihre Ausdrucksfähigkeit oder Stimmstärke; Eigenarten, die gewiss auch ihre Bedeutung haben. Vielmehr geht es um die Redesituation. Mit anderen Worten: Sie können die brillantesten Gedanken, den geschliffensten Stil und die wohltönendste Stimme aufbieten, wenn im gleichen Raum ein Fußballspiel am Fernsehen verfolgt wird, haben Sie keine Chance.

Vielleicht haben Sie es schon erlebt: Sie sind gerade in der angeregtesten Unterhaltung mit Ihrem Tischnachbarn, da klopft diese unmögliche Person an ihr Glas und will partout eine Rede halten. Wie unangenehm, sich auszumalen, dass Sie jetzt diese „unmögliche Person" sind. Oder: Ein fünfjähriges Mädchen hat gerade auf possierliche Weise ein Gratulationsgedicht aufgesagt und ist der jubilierenden Oma um den Hals gefallen. Und nun – während die Verwandtschaft der Reihe nach die hoch begabte Enkeltochter zu dieser Leistung beglückwünscht und abknuddelt – bitten Sie um Gehör für ein paar würdigende Worte. Sie haben verloren, noch bevor Sie den ersten Satz sprechen.

Es empfiehlt sich also in jedem Fall, sich eine Redesituation zu suchen oder zu schaffen, die es erlaubt, dass Ihre Rede überhaupt gehört und verstanden wird. Drei Faustregeln: Melden Sie ihre Redebereitschaft möglichst nicht während anschwellender, sondern im Verlauf abschwellender Tischgespräche an. Versuchen Sie nicht, gegen übermächtige Konkurrenten anzutreten, wie kleine Kinder und putzige Haustiere. Stellen Sie möglichst sicher, dass während Ihrer Ansprache keine anderen Aktionen stattfinden, wie das Bestellen von Getränken, das Bestaunen von Geschenken oder das Herumreichen von Fotos.

Ohne Marotten

Pausen sind keine Leere. Der Zuhörer braucht Pausen, um den Redefluss, der auf ihn einströmt, zu gliedern, die ausgesprochenen Gedanken zu ordnen und zu speichern. Der Redner befürchtet hingegen oft, dass Pausen, die er macht, als Leere empfunden werden. Darum bemüht er sich, unter keinen Umständen Pausen entstehen zu lassen. Er stopft alle Löchlein mit unsinnigen Füllwörtern – gewissermaßen, sozusagen, so gesehen, verhältnismäßig, eigentlich, also, eben, gut – oder mit hohlen Phrasen – ich will mal so sagen, ich denke, sag ich mal, ich meine, ich möchte meinen, ja gut also ich –, die er selbst gar nicht mehr als solche bemerkt, die zur Marotte geworden sind und ihm ständig unterlaufen. Den Zuhörer stören solche Marotten sehr, mitunter wird seine Aufmerksamkeit von der Rede selbst auf die Füllsel abgezogen.

Die am häufigsten anzutreffende und lästigste Marotte ist das Stöhnen, Seufzen oder Stammeln eines bestimmten Lautes, den jeder Zuhörer einer Rede oder Ansprache schon einmal genießen durfte: Das klassische rhetorische „ähh", das manchmal auch als „ehm" ausgeprägt ist. Das „ähh" bzw. „ehm" entsteht, wenn der Redner das – meist unbewusste – Empfinden hat, seine Gedanken könnten seinem eigenen Redefluss nicht folgen und deshalb müsste der Redefluss, bis der Gedanke gefasst ist, *ähh,* unterbrochen werden. Da aber, *ehm,* unter keinen Umständen eine, *ehm,* Pause eintreten soll, wird, *ehm,* ein, *ehm,* Stöhnlaut, *ehm,* einge-, *ehm,* -schaltet.

Die Angst vor der Leere ist vollkommen unbegründet. Niemandem fiele es unangenehm auf, würde der Redner den Redefluss einen halben Atemzug lang – mehr Zeit gewinnt er auch durch das gedehnteste „ähh" nicht – unterbrechen, um sich zu sammeln. Im Gegenteil, die kurzen Momente der Stille schaffen Spannung und Dynamik, geben dem Redner Gelegenheit, mit seinen Zuhörern Blickkontakt aufzunehmen, und dem Zuhörer, die gehörte Rede zu gliedern. Geübte Redner setzen diese Pausen ganz bewusst ein, indem sie die Sätze nicht mehr allein nach Punkt und Komma gliedern, sondern vor bedeutsamen Worten oder Aussagen eine kurze „Luftpause" von der Länge eines „ähh" einschieben und so die Wichtigkeit der getroffenen Aussage betonen.

Mit dem „ähh" ist es wie mit dem Rauchen. Scheinbar ist es sehr schwer, davon wegzukommen. Dabei ist es ganz leicht, man lässt es einfach bleiben. Sofern man es denn will. Wem es im Grunde egal ist, wie seine Rede ankommt, und nur hofft, dass der Stress schnell vorbei geht, braucht sich mit dieser

Ohne Marotten

Frage nicht zu beschäftigen. Für alle anderen gilt: Ein paar Minuten Konzentration und freiwillige Selbstkontrolle mittels eines Kassettenrekorders bewirken das Wunder. Sobald Sie sich dessen bewusst sind, dass Stille nichts Furchtbares ist und Pausen den Zuhörer nicht stören, sind Sie das „Leiden" ein für allemal los.

Sollten Sie einmal vollkommen den Faden verlieren und überhaupt nicht mehr wissen, an welchem Punkt Ihrer Rede Sie angekommen und zu welcher Veranstaltung Sie eigentlich gebeten sind – auch solche dunklen Momente erwarten irgendwann einmal jeden Redner – dann sollten Sie, ehe die Pause minutenlang wird und die Zuhörer anfangen, ihre Mäntel zu nehmen und wieder zu gehen, vielleicht doch etwas sagen. Ich habe mir in solchen Fällen immer damit geholfen, dass ich die Zuhörer an meinem augenblicklichen Elend teilnehmen ließ, und es hat mir nie jemand übel genommen. „Meine Damen und Herren, Sie werden es nicht glauben, jetzt habe ich mich so gut vorbereitet, und dennoch habe ich in der Aufregung den Faden verloren. Ich denke, es ist verzeihlich, heute etwas aufgeregt zu sein. Am besten, ich fahre damit fort, dass ich…"

Während ich diese Sätze sprach, schaute ich dem Publikum in die Augen, und ich habe auf den Gesichtern stets einen Ausdruck von Mitgefühl, niemals von Häme gesehen. Und diese wenigen Sätze reichten mir aus, um selbst einen Punkt zu finden, an dem ich neu ansetzen konnte. Meine Empfehlung lautet also: Legen Sie sich ein rhetorisches Reserverad bereit, mit dem Sie bei einer Panne wenigstens bis zur nächsten Werkstatt kommen, zum Beispiel: „Der heutige Anlass hat mich so mitgerissen, dass mir gar nicht aufgefallen ist, wohin es mich gerissen hat." Oder: „Ich bin zwar kein Fußballspieler, aber auch in meiner Ansprache bin ich jetzt in eine Abseitsfalle gelaufen. Ich muss also ein paar Schritte zurück gehen…" Diese vorbereiteten Reserveräder speichern Sie einfach unter Stichworten wie „mitgerissen" oder „Abseitsfalle" ab; ich bin sicher, dass Ihnen im Falle des

Stockens unter dem Stichwort „Abseitsfalle" sofort die vorbereitete Phrase einfallen wird. Danach können Sie den roten Faden seelenruhig wieder aufnehmen.

Wie soll ein Redemanuskript aussehen?

Betrachten wir zunächst das Manuskript einer vollständigen Rede. Sie müssen eine Rede zwar Wort für Wort und Satz für Satz vom Anfang bis zum Ende sprechen, keiner zwingt Sie aber, eine Rede auch so aufzuschreiben. Es kann deprimierend sein, vor einem weißen Blatt Papier zu sitzen und den Anfang nicht zu finden. Dagegen gibt es ein ganz einfaches Mittel: Beginnen Sie nicht mit dem Anfang!

Fixieren Sie zuerst den Punkt, auf den es Ihnen am meisten ankommt, die Kernaussage, die den Jubilar ins rechte Licht rückt. Das muss noch nicht die endgültige Formulierung sein, aber dieser Textabschnitt sollte schon das Wesentliche enthalten. Suchen Sie sich dann einen effektvollen Schluss. Manchmal ist eine witzige Pointe angemessen, manchmal kann man mit einer Anekdote oder einem Zitat schließen, manchmal muss es feierlich zugehen. Gerade auf Geburtstagsfeiern folgt auf Reden häufig eine besondere Aktion; eine Ordensverleihung sollte dann schon anders eingeleitet werden als ein Sketch, den Angehörige und Freunde aufzuführen gedenken. Schreiben Sie nun die Passagen der Rede, in die Sie die Kernaussage einbetten wollen. Meist sind es Episoden aus dem Leben des zu Feiernden, an die hierbei erinnert wird. Besteht zum Beispiel die Kernaussage darin, dass der Vater, der heute seinen Siebzigsten begeht, immer für die Familie da war, liegt es nahe, Episoden aus dem Familienleben zu erzählen, Momente der Gemeinsamkeit zu beschreiben. Es bleibt Ihnen überlassen, ob Sie die Kernaussagen als These formulieren, die Sie anschließend „beweisen", oder ob Sie diese Kernaussage als Zusammenfassung Ihrer Darstellung stehen

Wie soll ein Redemanuskript aussehen?

lassen wollen. Wenn dies geleistet ist, denken Sie sich eine Einleitung aus. In dieser Einleitung können Sie entweder all jene begrüßen, die anstandsgemäß begrüßt werden müssen, oder Sie können an frühere Feiern anknüpfen oder an die Vorgänge am Jubiläumstag selbst.

Wenn Sie sicherer sind, begnügen Sie sich mit einem Teilmanuskript. Für dieses Teilmanuskript formulieren Sie nur die Kernaussage und die Schlusspointe schriftlich aus und – sofern Offizielle zu begrüßen sind – notieren sich die zu begrüßenden Persönlichkeiten in der richtigen Rangfolge, damit Sie keinen vergessen. Im Übrigen lassen Sie das Manuskript Manuskript sein und erzählen der Geburtstagsgesellschaft, wie Sie den Jubilar als Familienvater erlebt haben. Sie erzählen das bestimmt nicht zum ersten Mal. Haben es nicht schon mal Ihren eigenen Kindern erzählt? Also, warum sollten Sie es diesmal nicht können?

Wenn Sie ein versierter Redner sind, brauchen Sie nur noch ein Stichwortmanuskript. Wer häufig vor anderen spricht, wird um Formulierungen nicht verlegen sein. Beim entsprechenden Stichwort fällt ihm dann ein, was er sagen wollte. Für eine kurze Ansprache kann man die gesamte Redegliederung auf eine Karteikarte notieren, die auch die entsprechenden Stichworte enthält. Bei längeren Reden empfiehlt es sich, eine gesonderte Gliederungskarte anzulegen; sie ist der Faden, den man möglichst nicht verlieren sollte. Die einzelnen Stichworte werden – nebst eventuell zu berücksichtigenden Unterpunkten – auf gesonderte Kärtchen notiert.

Sollten Sie sich zur freien Rede nicht entschließen können, müssen Sie Ihre Rede wohl oder übel ablesen. Können Sie das Manuskript am Computer erarbeiten, sollten Sie sich für eine gut lesbare, klassische Schrift (etwa Times, Garamond, Bodoni oder Bookman) entscheiden und serifenlose Schriften (wie Arial oder MS Sans Serif) meiden. Wählen Sie einen Schriftgrad von mindestens 14 typographischen Punkten und stellen Sie den Zeilenabstand mindestens zweizeilig ein. Bei einer Schreibmaschine sind die Variationsmöglichkeiten geringer; auch hier sollten Sie auf einen möglichst weiten Zeilenabstand achten und – nebenbei bemerkt – dafür sorgen, dass die Typen nicht verschmutzt sind, sonst können Sie am Ende *a* und *o* und *e, u* und *n* nicht mehr auseinander halten.

Schreiben Sie den Text nicht fortlaufend, sondern bauen Sie an geeigneten Stellen Absätze ein. Dadurch wird das Schriftbild übersichtlicher, und die Absätze sind für Sie das Signal, eine kleine Pause einzulegen und Ihren Blick schweifen zu lassen.

Wenn Sie nicht sicher sein können, dass Sie an einem Rednerpult sprechen werden – und das ist bei einem Familiengeburtstag relativ selten der Fall – ist vom Format A 4 für Ihr Manuskript abzuraten. Erfahrungsgemäß machen die großen Blätter, wenn man mit ihnen frei im Raum oder sogar draußen im Freien steht, das, was sie nicht sollen, sie fangen an zu zittern, sie klappen um, sie fallen runter. Handlicher ist das Format A 5 quer. Vergessen Sie nicht, die Seitenzahlen anzubringen, sobald Sie mehr als zwei Blätter haben. Das Durcheinander ist sonst vorprogrammiert.

Zum Thema Körpersprache

Georg Solti machte schon in sehr jungen Jahren als Dirigent Furore. Kurz nach dem Zweiten Weltkrieg traf er nach einer Aufführung den alten Richard Strauss, der dafür bekannt war, dass er stets mit sparsamster Gestik dirigiert und beispielsweise die linke Hand kaum eingesetzt hatte. Strauss zeigte sich sehr angetan von dem jungen Genie, aber er konnte sich nicht verkneifen, in seinem sagenhaften Pseudo-Englisch zu fragen: „Why do you fuchtel so much?"

Sie kennen das peinliche Gefühl, nicht zu wissen, wohin mit den Händen? Lassen Sie sich gesagt sein: Zunächst interessiert sich kein Mensch für Ihre Hände. Erst wenn Sie anfangen, damit herumzufuchteln, in der Luft herumzurudern oder in einer imaginären Salatschüssel zu rühren, wird

Zum Thema Körpersprache

man aufmerksam und fragt sich: Was macht er/sie denn dauernd mit den Händen?

In Rhetorik- oder Präsentationsseminaren werden die Teilnehmer manchmal aufgefordert, die Hände etwas über Gürtelhöhe vor dem Körper und zwar mit den Handflächen nach oben, aber nicht gestreckt, sondern locker eingewölbt, zu halten. Wenn Sie sich so hinstellen, merkt gleich jeder, dass Sie schon mal ein Rhetorikseminar besucht haben. Ich weiß nicht, ob Sie das wollen.

Stellen Sie sich bitte nie so hin, als ob Sie dem Jubilar eine Versicherungspolice unterjubeln wollen! Auch nicht wie ein Lehrer, der gleich mit einem Kreidestück nach einem unaufmerksamen Schüler werfen will.

Beobachten Sie sich am besten selbst. Wo haben Sie Ihre Hände, wenn Sie mit dem Postzusteller einen kurzen Plausch übers Wetter halten? Und wo, wenn Sie Ihrem Arzt erklären, wo's ziept? Wo sind Ihre Hände, wenn Sie die Verkäuferin nach dem Preis einer Ware fragen? Was machen Ihre Hände, wenn Sie der Politesse widersprechen, die Ihnen gerade ein Knöllchen unter den Scheibenwischer schieben will?

Jeder wird diese Fragen anders beantworten. Denn jeder hat ein anderes Temperament und wird in der gleichen Situation unterschiedliche körpersprachliche Reaktionen zeigen. Man unterstreicht, holt aus, ballt die Faust, zeigt, zuckt mit den Schultern, wehrt ab – gerade die Gesten, die uns unbewusst unterlaufen, wirken am natürlichsten. Nichts spricht dagegen, diese Gesten in anderen Zusammenhängen auch einmal bewusst einzusetzen.

Also, lassen Sie die Hände dort, wo Sie sie auch sonst immer haben und lassen Sie sie so frei spielen, wie sie es in jeder anderen Situation tun würden, in der Sie sich mit jemandem unterhalten. Dann wird Ihnen das Thema Körpersprache keine Verlegenheit bereiten.

Ob es angezeigt ist, als Mann Ihre Lässigkeit dadurch zu beweisen, dass Sie eine Hand in der Hosentasche lassen, oder ob Sie, als Frau, Ihr kühle Distanziertheit dadurch ausdrücken sollten, indem Sie die Arme vor der Brust verschränken, ist letztlich Geschmackssache, und hängt davon ab, wie Sie zu dem oder der zu Feiernden stehen. Erfahrungsgemäß kommt aber forcierte Lässigkeit nicht so gut an, und alle körpersprachlichen Signale, die auf Abwehr und Distanzierung hindeuten, zerstören im Unterbewusstsein der Zuhörer jene Herzlichkeit, die Sie mit Worten ausdrücken wollen.

Wie überwinden Sie Ihre Redeangst?

Durch Reden! Und indem Sie sich klar machen, dass niemand von Ihnen – und schon erst recht nicht zu einem solchen Anlass wie einer Geburtstagsfeier – Vollkommenheit und Perfektion erwartet.

Was macht es schon, wenn Ihnen plötzlich vor dem Publikum ein Wort nicht mehr einfällt? Statt zu erröten, zu stottern, und die Gäste mit einer Salve von „ähhs" zu erschrecken, sagen Sie einfach: „Jetzt fällt mir doch tatsächlich das richtige Wort nicht mehr ein, aber Sie wissen bestimmt auch so, was ich meine", und gehen zum nächsten Satz über.

Es ist überhaupt nicht schlimm, wenn Sie einmal aus dem Konzept geraten und einen augenblicklichen kleinen Hänger selbst kommentieren. Im Gegenteil, man wird es als Zeichen von Souveränität interpretieren.

Zum 20. Geburtstag

Die Eltern sprechen zum Geburtstag ihrer Tochter

Typus:	*Ansprache*
Ort:	*Gartenparty*
Publikum:	*Freundeskreis*
Dauer:	*ca. 2 Minuten*
Stil:	*locker, ironisch, kumpelhaft*

Liebe Cornelia, oder besser hi!

Wir finden's echt cool, dass du uns zu deiner umwerfenden Party zugelassen hast. Im Gegensatz zur Führerscheinmegafete zu deinem Achtzehnten. Die fand allerdings auch nicht in unserem Garten statt. Da sieht man mal wieder, was zwei Jahre Fahrpraxis ausmachen – sie fördern Toleranz und gegenseitiges Verständnis und führen zur schrittweisen Integration solcher sozialer Randgruppen wie der eigenen Eltern …

Ganz nach dem Motto: Achtzehn Jahre war'n schon Klasse, doch die zwanzig haben Rasse. Mit zwanzig ist man ja schon fast wieder seriös, hat die Pubertät weit hinter sich gelassen, weiß, wie's geht. Mit zwanzig wussten wir das übrigens auch. Mit zwanzig reist man mit leichtem Gepäck; beneidenswert leicht fallen die Entscheidungen für oder wider. Von dem seltsamen Effekt, dass die verbleibende Lebenszeit schneller und schneller zu vergehen scheint, ist man mit zwanzig zum Glück noch fast unberührt; im Gegenteil, die Berufsausbildung hat gerade begonnen und scheint niemals enden zu wollen.

Erinnerung an die eigene Jugend

Okay, alles das haben wir auch gehabt und in vollen Zügen ausgekostet. Wir wünschen dir, dass es dir – und deiner ganzen

Zum 20. Geburtstag

Vorbereitung des geordneten Rückzugs

coolen Gang hier – mindestens ebenso gut schmeckt wie uns damals.

Wir drohen euch jetzt nicht damit, dass wir doch eigentlich im Herzen jung geblieben sind. Nein. Wir stehen zwar manchmal auf die gleiche Musik wie ihr, aber wir sind trotzdem 30 Jahre älter. Und deshalb gestattet ihr uns bitte, dass wir euch viel Spaß wünschen und uns nach dem dritten oder vierten Glas in unsere inneren Gemächer zurückziehen.

Schenkt mir vielleicht endlich mal einer nach? Also eine Jugend ist das heutzutage …

Die beste Freundin spricht

Typus:	*Ansprache*
Ort:	*Wohnung, Partykeller oder Garten*
Anlass:	*Party*
Publikum:	*Freundeskreis*
Dauer:	*ca. 3 Minuten*
Stil:	*locker, ironisch*

Liebe Julia,

du hast uns zwar alle zu einer Feier eingeladen, aber ich möchte es trotzdem nicht allzu feierlich machen. Doch bevor wir uns über die leckeren Köstlichkeiten hermachen, die du für uns aufgefahren hast, bitte ich alle Gäste um einen Moment der Andacht.

Einbeziehung der Gäste

(an die Gäste gerichtet) Liebe Freunde, wir loben und preisen unsere Gastgeberin mit einem staunend entzückten „aahhh!" *(alle Gäste machen „aahhh"!)*

Ich habe „Gastgeberin" gesagt, weil mir das Wort „Jubilarin" nicht über die Lippen kam. Vor zwei Jahren bin ich selbst zwanzig geworden, da hat mich meine Lieblingstante

Zum 20. Geburtstag

mit einer schauerlich schönen Rede zur Brust genommen und mich „Jubilarin" genannt; ich kam mir anschließend vor wie fünfundsiebzig.

Früher galt ja die 21 als magische Grenze. Mit 21 war man erst richtig volljährig, rechtsfähig, geschäftsfähig und wer weiß noch was alles. Die Grenze haben wir bei den Alten inzwischen auf 18 runtergehandelt. Die Jungs durften sich allerdings schon immer mit 18 fürs Vaterland totschießen lassen. Und wir Mädels durften auch schon in jüngeren Jahren verheiratet werden. Wir waren sowieso arm dran. Wir wanderten direkt aus der Vormundschaft des Vaters in die Vormundschaft unseres Ehemannes. Wer da noch von den guten alten Zeiten spricht … Es ist erst zweihundert Jahre her, da wollte uns ein berühmter deutscher Philosoph – ich glaube, es war Fichte – nicht einmal das Recht auf eigene Sexualität zugestehen.

Zum Thema Volljährigkeit

(zu den Gästen) Jungs, ich sage euch, haltet euch fern von solchen Philosophen, sonst habt ihr bei uns für alle Zeiten verspielt.

Dir, liebe Julia, wünsche ich, dass du zu diesen erfreulichen Dingen nicht nur Lust, sondern auch Zeit hast. Ich habe ja gar nichts gegen dein Pferd Sir, und ich bewundere auch deine Haltung. Wenn man dich im Sattel sitzen sieht, so beherrscht und so verhalten, weiß man nicht: Hältst du die Zügel oder halten die Zügel dich? Ich wünsche dir, dass du über Sir deinen Romeo nicht vergisst, der dich vielleicht öfter mal zügellos erleben will. Aber bevor ich mich weiter in Anzüglichkeiten ergehe, lasse ich die Zügel lieber schleifen und erhebe mein Glas – wenn ich nur schon eins hätte! – auf dich, liebe Julia. Tu, was du für richtig hältst, und lass, was du nicht tun kannst. Oder wie der Spruch auch geht! Und komm gut durch die nächsten Jahrzehnte!

Wortspiele mit Begriffen aus dem Lieblingshobby

Zum 20. Geburtstag

Die große Schwester spricht zum Geburtstag des Bruders

Typus:	Ansprache
Ort:	Gartenparty
Publikum:	Freundeskreis
Dauer:	ca. 3 Minuten
Stil:	locker, ironisch, kumpelhaft

Hallo Bruderherz, hi, all ihr Versammelten,

Offizielle Eröffnung der Feier

keine Angst, ich nehme ihn euch nicht weg. Ich will euch auch gar nicht viel Zeit stehlen. Aber jemand muss ja schließlich sagen, dass es jetzt losgeht, dass die Party ganz offiziell begonnen hat und euch zur Wahrung von Sitte und Anstand aufrufen.

Und darum machen wir das so, wie im neu gewählten Bundestag vor der ersten Sitzung: Ich erkläre mich zur Alterspräsidentin. Also: Ich bin am 25.5.1977 geboren. Ist jemand anwesend, der älter ist als ich? Der möge vortreten – und kann dann gleich die Rede halten. Da sich niemand gemeldet hat, nehme ich an, dass dies nicht der Fall ist.

Abschied vom „Teenager"

Lieber Sebastian, merkst du schon was? Meine Anrede? Okay. Ab heute bist du kein Teeny mehr. Mit einer „2" im Zehner wirkt es nicht mehr ganz so daneben, wenn du zu offiziellen Anlässen ein Sakko nebst Krawatte trägst. Leugne nicht! Ich habe dich neulich mit so was erwischt. Anlässlich deines Übergangs ins seriöse Mannesalter solltest du deinen Freunden eine Reihe von Versprechen abnehmen, damit sie dich nicht länger mit teenyhaftem Gehabe und anderen Unarten belästigen.

Ich selbst gehe mit gutem Beispiel voran. Lieber Sebastian – hört ihr 's? – Sebastian, ich verspreche dir, dich von nun an nie mehr Basti zu nennen. Ich verspreche dir, dass ich dich nie mehr wieder unter dem Vorwand, dass ich Zigaretten brauche, an die Tankstelle schicke, während ich versuche, deine Freundin, die dich besucht hat, sexuell aufzuklären. Und ich verspreche dir, dass ich heute zum letzten Mal auf einer Party die Story erzähle, wie du, als du zwölf warst, mit einem komplizierten optischen Spiegelsystem versucht hast, durch mein Zimmerfenster zu gucken, weil du rausbekommen wolltest, was ich mit meinem Freund treibe, wenn er bei mir zu Besuch ist. – Ach, die kennt ihr schon alle? Okay, hätte ich mir denken können.

Noch ein Wort zum Schluss an alle die Paare, die sich gefunden haben, sowie an solche, die sich noch finden werden: Wenn ihr denkt, ihr könntet zu vorgerückter Stunde mal schnell in mein Zimmer verschwinden, wie das vor zwei Jahren vorgekommen ist – ich will ja niemanden scharf anschauen – so empfehle ich euch: Vergesst es! **Freundliche Ermahnung**

So, jetzt kriegst du von deiner großen Schwester noch einen Geburtstagskuss. – Und nun lass dich feiern!

Ein Freund spricht

Typus:	*Ansprache*
Ort:	*Wohnung oder Garten*
Anlass:	*Geburtstag und Verabschiedung*
Publikum:	*Freundeskreis aus der Abschlussklasse*
Dauer:	*ca. 2 Minuten*
Stil:	*locker, ironisch, kumpelhaft*

Lieber Matthias,

die Mappe, die wir dir heute überreichen, haben wir mit den berühmten beiden Masken verziert, der lachenden und der weinenden. Denn mit einem lachenden und einem wei- **Bezugnahme auf ein Geschenk**

Zum 20. Geburtstag

nenden Auge sind wir heute hier, um dich an deinem 20. Geburtstag zu feiern und gleichzeitig zu verabschieden. Du gehst zum Studium nach Berlin. Aber was, in drei Teufels Namen, hat dich dazu bewogen, ausgerechnet Theaterwissenschaften zu studieren? Es hätte uns zwar auffallen müssen, mit welchem Vergnügen du damals – in Literatur – mit Pia zusammen Szenen aus Shakespeares *Macbeth* gelesen hast.

Erinnerungen an die gemeinsame Schulzeit

„Sei unbesiegbar, bis die Bäume gehen / Und Birnams Wald marschiert auf Dunsinane." Mein lieber Scholli! Das war der schrägste Spruch, den ich je auf einer Autoheckscheibe gelesen habe. Und erst recht deine Regieassistenz bei der Schulaufführung von *Raub der Sabinerinnen*…

Okay, wir lassen dir den Spaß, und wie wir dich kennen, hast du nicht nur den passenden Regieeinfall bei der Hand, sondern stets auch einen Einfall, wie man damit Geld verdienen kann. Deine Idee, die Stanniolfabrik Glimmer & Co. als Sponsor für unsere Schulaufführung zu gewinnen, war jedenfalls grandios, wenn auch vielleicht die silbrigen Kostüme manchmal etwas arg knisterten.

Versilbert und vergoldet aber soll dein weiterer Lebensweg sein. Und wenn wir jetzt vermutlich auch alle nach und nach auseinander laufen, so hoffe ich doch, dass wir uns nicht erst in zwanzig Jahren wiedersehen. Und damit wir dir in Erinnerung bleiben, Matthias, haben wir auch etwas inszeniert, das du jetzt über dich ergehen lassen musst.

Hinweis auf die folgende Aufführung

Im Anschluss an diese Ansprache führen die Gäste einen Sketch aus dem Schulalltag auf oder bringen eine – in Szene gesetzte – Moritat zu Gehör, die an Höhepunkte aus dem Leben des Geburtstagskindes erinnert.

Zum 30. Geburtstag

Der Ehemann spricht zum Geburtstag seiner Frau

Typus:	*Ansprache*
Ort:	*Gasthof, Festzelt, Gartenparty*
Publikum:	*Familie, Freundeskreis*
Dauer:	*ca. 2 Minuten*
Stil:	*locker, liebevoll*

Meine liebe Katharina,

heute wirst du nun 30 Jahre alt; ein Tag, vor dem du ein wenig gezittert hast. Aber 30 ist schließlich nur ein Alter und kein Verfallsdatum. Einige, besonders Frauen, sind ja davon überzeugt, dass die Welt untergeht, wenn man 30 wird. Glaub mir, mein Schatz, dem ist nicht so – es passiert erst mit 40. Du hast also noch zehn Jahre Zeit. Einige von den jüngeren Gästen in der Runde werden der Ansicht sein, auch du seist nun über das Alter hinaus, wo man dir noch trauen könnte. Noch Jüngere werden sich wahrscheinlich fragen, wie man überhaupt so alt werden kann, ohne im Lauf der Zeit den Verstand zu verlieren. Ganz ehrlich, es gibt Momente, da frage ich mich das auch ... **Bedeutung des „30."**

Aber Spaß beiseite. Du, liebe Katharina, gehst mit mir seit vier Jahren durchs Leben. Das waren bisher meine besten vier Jahre. Und ob du nun 30, 50 oder 80 bist, du wirst für mich immer das tollste Mädchen sein, das ich kenne. Solltest du je Grund zur Klage haben, so erlaube ich dir, mich hart zu strafen. Ich denke da an kleine Aufgaben im Haushalt oder in anderen hoch sensiblen Bereichen. **Persönliche Ansprache**

Zum 30. Geburtstag

Humorvolle Einlage	Aber da sich verliebte Paare wie wir ja angeblich wortlos verstehen sollen, werde ich jetzt nichts mehr sagen, sondern dir lange in die Augen schauen, Kleines. *(lange Pause)* Stimmt, das wollte ich auch gerade sagen. Liebe Gäste, Katharina meint, ich soll euch nicht so lange auf dem Trockenen sitzen lassen. Also erhebe ich jetzt ganz schnell mein Glas auf das Wohl meiner lieben Angetrauten, der ich zu ihrem heutigen Ehrentag einen kleinen Schwips wünsche, weil sie dann nämlich besonders süß ist. Prost!

Die Ehefrau spricht zum Geburtstag ihres Mannes

Typus:	*Ansprache*
Ort:	*Wohnung, Gaststätte, Gartenparty*
Publikum:	*Familie, enger Freundeskreis*
Dauer:	*ca. 2 Minuten*
Stil:	*locker, liebevoll*

Geliebter Dreißiger,

Ankündigung einer subjektiven Rede	nun sind hier schon so viele ernste Worte gefallen von Angehörigen und Freunden, die dich schon so viel länger kennen als ich. Da kann ich natürlich nicht mithalten. Will ich auch gar nicht. Denn es ist der erste Runde, den wir gemeinsam erleben; du als Aktiver, ich als Zuschauerin. Nicht lange, und es wird umgekehrt sein.
Zahlenmagie als Aufhänger der Rede	Nach der Zahlenmystik ist die 30 ja keine schlechte Zahl. Sie setzt sich zusammen aus der Multiplikation von 3 und 10. Die 3 ist das Symbol der Dreifaltigkeit – ein paar Fältchen hast du ja schon – ; sie ist eine Glückszahl und sie ist vielleicht die magische Zahl schlechthin: Drei Prüfungen haben

Zum 30. Geburtstag

Goldmarie und Pechmarie zu bestehen, drei Fragen muss der tapfere Prinz beantworten, und wenn die gute Fee kommt, hat man drei Wünsche frei. Von einem besonders dummen Menschen meint man, er könne nicht bis 3 zählen.

Die 10 steht für die Zehn Gebote; sie symbolisiert die reine Vollkommenheit. Die 30 also, 3 mal 10, ist demnach die Vollendung schlechthin.

Vom Allgemeinen zum Persönlichen

Bei so viel Glück, Harmonie, Vollkommenheit und reiner Vollendung ist es schon fast anmaßend, wenn ich – ein unvollkommenes, Glück suchendes und von der Vollendung weit entferntes Menschenkind – dir mit dürren Worten Glück und alles Gute wünsche. Was könnte ich noch hinzutun? Nun, wenn ich mich schon einmal auf die Zahlensymbolik eingelassen habe, werde ich nicht eher ruhen, bis ich auch mich in die Deutung eingebracht habe. Du kennst mich, mein Lieber, du weißt: Wir sind seit vier Jahren verheiratet. Die 4 steht für die klassischen Elemente Erde, Wasser, Feuer, Luft; und so abwechslungsreich wie dieses Symbol für die sichtbare, greifbare Welt der Dinge waren auch unsere gemeinsamen Jahre. Wir kennen uns aber schon etwas länger: Vor fünf Jahren zogen wir zusammen, und die 5 steht im Pentagramm als Symbol für vereinte Kraft. Gefällt dir diese Deutung? Muss ich noch mehr sagen?

Da siehst du's mal, die Zahlen beweisen: Ohne mich wärst du vom Glück begünstigt, aber als gleichsam ätherisches Wesen schwach, unsinnlich und schutzlos.

Wünsche für die Zukunft

Und so schließe ich mich mit meinen Wünschen der Magie der Zahlen an und hoffe für uns, dass wir immer füreinander sein können, was die 5 ausdrückt: die vereinte Kraft.

Mit fast allen Zahlen lassen sich nette Deutungsspiele betreiben. Die verwendeten Zahlen dienen dabei nur als Beispiel. Wenn Sie sich nicht auf Ihre Fantasie verlassen wollen, finden Sie in astrologischen oder esoterischen Ratgebern reichliches Material!

Zum 30. Geburtstag

Ein Mann spricht zum Geburtstag eines nahen Freundes

Typus:	*Ansprache*
Ort:	*Gasthof, Festzelt, Gartenparty*
Publikum:	*Freundeskreis*
Dauer:	*ca. 2 Minuten*
Stil:	*locker, ironisch, kumpelhaft*

Herzlich willkommen, lieber Markus!

„Willkommen im Klub"   Nun bist du auch im Klub der 30er und wir sind nicht mehr so allein. Wie geht es dir an diesem Tag, an dem du die magische Grenze überschreitest? Fühlst du dich älter, reifer, weiser? Hältst du seit heute nach den ersten Falten, den ersten grauen Haaren Ausschau? Hast du dir gerade heute zu Bewusstsein gebracht, dass du schon seit einiger Zeit nicht mehr so wie früher...

Lass dich trösten! Grund zur Panik gibt es nicht. Von gestern auf heute hat sich nichts verändert. Jedenfalls nicht mehr als sonst. Die verhängnisvolle Zahl steht dir nicht auf die Stirn geschrieben. Und wenn du ab heute nicht mehr so viel trinkst und rauchst, die Frauen nicht mehr so wild, hm, verfolgst und abends früher schlafen gehst, dann hältst du deinen Standard noch ein Weilchen.

Aufforderung zum Optimismus   Zehn Jahre hast du noch, bis dann das Alter wirklich kommt und dir die vierte Null vor Augen steht. Zehn Jahre noch, in denen man dich für jung, dynamisch und erfolgreich hält. Komm, mach was draus! Zeig was du kannst, mach Karriere. Angel dir 'ne nette Frau, mit der du ein, zwei süße Kinder zeugst, die dann im Vorgarten des Hauses spielen, dass du dir bauen wirst, unter dem Baum, den du pflanzt. Schau bitte optimistisch in die Zukunft und denk, um Himmels willen, positiv!

Zum 30. Geburtstag

Wenn dir diese Perspektive für die nächsten zehn Jahre eher Angst macht, dann bleib, wie du bist. Das wäre uns eigentlich auch am liebsten. Denn so mögen wir dich. Und weil wir dich mögen, sind wir auch alle gekommen. Und natürlich auch, weil wir die berechtigte Hoffnung haben, uns heute auf deine Kosten einen kleinen beschaulichen Schwips anzutrinken. Das erste Glas also erhebe ich auf dich: **Ausbringen**
Viel Glück und Gesundheit für die nächsten zehn, **eines Toasts**
auf dass wir zum Vierzigsten wieder zusammenstehn!

Eine Frau spricht zum Geburtstag ihrer Freundin

Typus:	*Rede*
Ort:	*Gasthof, Festzelt, Gartenparty*
Publikum:	*Freundeskreis*
Dauer:	*ca. 5 Minuten*
Stil:	*locker, freundschaftlich*

Meine liebe Sibylle,

ich, als deine beste Freundin, leide mit dir: Du nullst zum dritten Mal. Aber wie heißt es so schön beruhigend: Erst eine Frau ab 30 ist eine richtige Frau; vorher ist sie Mädchen. Erst mit 30 hat sie ihren geistigen Babyspeck abgelegt und gegen die eine oder andere körperliche Rundung eingetauscht. Erst ab 30 ist sie wirklich schön, interessant und aufregend sexy. Dass das stimmt, sieht man ja an mir. Es gibt also für dich überhaupt keinen Grund, Trübsal zu blasen.
Wir zwei, liebe Sibylle, kennen uns schon etliche Jahre. Wir **Erinnerung an**
haben zur gleichen Zeit Zahnspangen getragen, haben beide **gemeinsame**
für Aerosmith geschwärmt, und umso mehr, je heftiger unse- **Zeiten**
re Eltern, die selbst ABBA hörten, Steve Tyler als schmuddeli-

gen Typen, Kiffer und Großmaul beschimpften. Und natürlich waren wir, wie sich das für beste Freundinnen gehört, in den gleichen Jungen verliebt. Der allerdings sah, wenn ich mich recht erinnere, überhaupt nicht wie Steve Tyler aus …

Wir haben zusammen gelacht und die Pubertät durchlitten. Wir haben uns gegenseitig Tipps gegeben, wie man mit Pickeln und schlechtem Mundgeruch fertig wird. Oft genug haben wir uns gegenseitig ein Alibi gegeben, wenn die Alten mit strenger Miene fragten: „Wo warst du wieder so lange?"

Ich war dir immer ein paar Monate voraus, aber das vertanzt sich, wie meine Großmutter zu sagen pflegte, und damit hatte sie – wie immer – Recht. Wir hatten zusammen eine schöne Zeit. Auch als sich unsere Wege trennten – du begannst deine Ausbildung in Heidelberg, ich in Berlin – verloren wir uns niemals ganz aus den Augen. Ich wusste immer, wie es dir geht, welche Prüfung noch abgelegt werden musste und welcher Typ gerade angesagt war, und auch ich hielt dich immer auf dem Laufenden. Und als ich mal mit dem größten Liebeskummer aller Zeiten zu dir angeflennt kam, waren Typ und Prüfungen nicht wichtig, und du hast mich, besser als jede Schwester, seelisch wieder aufgepäppelt.

Nun, inzwischen sind wir beide glückliche Ehefrauen und gestresste Mütter. Dabei fällt mir ein: Habe ich das etwa anlässlich deiner Hochzeit alles schon mal erzählt? Mal Arme hoch, wer die Story mit der langen Blonden schon kannte! Niemand? Da bin ich aber beruhigt.

Tja, Sibylle, jetzt fragt man uns nicht mehr nach dem Ausweis, wenn wir uns einen unanständigen Film ansehen wollen. Dafür hat die Lust dazu etwas nachgelassen. Und wir werden in bestimmten Kneipen wie Relikte aus dem 19. Jahrhundert angeschaut. Sei's drum. Ich hoffe sehr, dass wir weiterhin die besten Freundinnen bleiben und ich dir auch zum Vierzigsten über die Schwelle helfen darf.

Dieses Glas erhebe ich auf dich, auf unsere Freundschaft, auf die Männer, die uns ertragen, auf die Kinder, die wir haben und vielleicht noch kriegen – und auf viele gute Jahre.

Zum 40. Geburtstag

Ansprache für kaufmännische Kolleginnen oder Kollegen

Typus:	*Ansprache*
Ort:	*Kantine oder Besprechungsraum*
Anlass:	*kleine Feier im Betrieb oder Geschäft*
Publikum:	*Kollegen und Vorgesetzte*
Dauer:	*ca. 2 Minuten*
Stil:	*heiter, kollegial*

Lieber/Liebe …,

sonst machst du ja stets das Rechnerische, heute lass es mich einmal versuchen. Sagen wir:
12 Jahre als Kind die Welt erobert, danach ungefähr 8 Jahre gebraucht, um halbwegs erwachsen zu werden. Dann 13 recht geglückte Berufsjahre, mal hier, mal dort. Nun seit 7 Jahren über unsere Bücher gebeugt – das macht … null hin, zwei im Sinn: 40 Jahre.   **Tätigkeit der Kollegin/ des Kollegen**

Vierzig Jahresbilanzen hast du also glücklich abgeschlossen. Wir nehmen an, wie bei uns allen, mal mit mehr und mal mit weniger Gewinn. Dass noch viele gute folgen mögen, darauf stoßen wir mit dir an. Unsere Glückwünsche verbinden wir mit einem großen Dankeschön für die gute Zusammenarbeit. Ein großer Gewinn ist es nämlich für uns auf jeden Fall gewesen, dass wir dich vor sieben Jahren zu uns locken konnten und seitdem hier haben. Und schließlich ist im Betriebsergebnis ein Faktor nicht zu unterschätzen: das Betriebsklima, das du mit deiner Ausgeglichenheit und deinem Humor so positiv beeinflusst hast.   **Private Symphathie**

Zum 40. Geburtstag

Bleib uns erhalten und bleib wie du bist! Das wünschen wir dir und uns. Und dazu Glück und Gesundheit – und niemals Probleme mit der Steuer!

Ein älterer Mitarbeiter spricht zum Geburtstag der Kollegin

Typus:	*Ansprache*
Ort:	*Kantine oder Besprechungsraum*
Anlass:	*kleine Feier im Betrieb oder Geschäft*
Publikum:	*Kollegen und Vorgesetzte*
Dauer:	*ca. 2 Minuten*
Stil:	*heiter, kollegial*

Liebe Simone,

Gepflogenheiten der Abteilung

in einem Unternehmen im Allgemeinen und in unserer wilden Truppe im Besonderen ist es doch so: Über jeden von uns haben sich alle anderen ein Bild gemacht. Und dagegen kommt man, als Abgebildeter, bekanntlich schwer an. Mich zeichnet dieses Bild, wie mir zugetragen wurde, als den Spaßvogel der Abteilung. Ich muss dies so umständlich vorausschicken, damit du verstehst, liebe Simone, warum ich – und nicht der befugte Abteilungsleiter Dr. Keller – heute hier die Ansprache halte. Wir haben lange darüber debattiert und sind schließlich zu dem kollektiven Ratschluss gekommen, dass nur einer wie ich dich heil über die 40er-Schwelle tragen kann, ohne dass du in tiefste Depressionen abstürzt.

„Mitgefühl" eines Altersgenossen

Meine wichtigste Qualifikation: Ich bin selbst seit einer Weile über 40. Deshalb kann ich dir aus eigener Erfahrung versichern: Es tut wirklich nicht weh. Im Gegenteil. Jetzt beginnen erst die komfortablen Jahre. Solange du noch nicht 40 bist, halten dich alle für unerfahren, ungefestigt, formbar, un-

Zum 40. Geburtstag

selbstständig oder aber, wenn du deine Meinung sagst, für naseweis. Von 40 an hält man dich für erfahren, für einen Charakter, gilt dein Wort etwas, fragt man dich um Rat. Nutze diese Jahre und fülle die Scheuern, denn es dauert nicht lange, bis man dich für rückständig, im Wesen bestenfalls skurril, deine Ansichten für überholt und den Rat, den du ungefragt gibst, für lästig hält. Ansonsten richte dich auf an der Erkenntnis: Die sechs Lebensalter des Mannes sind Kind, Jüngling, junger Mann, reifer Mann, alter Mann, Greis; die sechs Lebensalter der Frau sind Kind, Mädchen, junge Frau, junge Frau, junge Frau, junge Frau. Alsdann: Willkommen im Klub!

Vor- und Nachteile des Alters

Die neue Lebenspartnerin gratuliert dem Mann

Typus:	*Ansprache*
Ort:	*Haus der Familie oder Lokal*
Anlass:	*Ansprache im Anschluss an den Hauptredner*
Publikum:	*Familienangehörige und Freunde*
Dauer:	*ca. 2 bis 3 Minuten*
Stil:	*freundlich, nachdenklich*

Lieber Andreas,

jetzt habe ich schon so viele interessante und positive Dinge über dich gehört, dass ich richtig stolz auf dich bin. Meine Vorrednerinnen und Vorredner müssen wissen, wovon sie sprechen, schließlich kennen sie dich alle schon viel länger als ich. Und ich habe bei dieser Gelegenheit wieder einiges Neue über dich erfahren.

Jetzt kommst du also nicht darum herum, dass auch ich dir an deinem heutigen Geburtstag von ganzem Herzen alles Gute

Rede einer „Newcomerin"

Zum 40. Geburtstag

Erinnerung an das Kennenlernen

wünsche. Und dir danke – und zwar vor allen deinen Angehörigen und Freunden. Und weißt du warum? Alle, die sich lange kennen, sind bestimmt schon so an dich und deine Art gewöhnt, dass sie gar nicht mehr wissen, was sie an dir haben.

Weißt du noch, in welcher Verfassung ich war, als wir uns kennen lernten? Nach meiner Scheidung ging es mir so richtig mies. Ich war am Boden. Den Glauben an Liebe und Treue hatte ich verloren. Meinem Ex war es gelungen, mir alle unsere gemeinsamen Freunde abspenstig zu machen. Und weil ich regelmäßig schlecht drauf war, zogen sich auch die meisten meiner alten Freunde und Bekannten von mir zurück. Ich fühlte mich einsam und ausgestoßen. Ich war im Begriff aufzugeben.

Doch dann begegnete ich dir – das klingt jetzt wie ein Schlagertext, aber es war so. Mein Leben begann wieder neu. Du hattest schon einmal ganz Ähnliches erlebt, und ich fand in dir einen verständnisvollen Freund. Ein Freund, bei dem man sich genauso gut aussprechen konnte wie ausschweigen, weil man merkte, dass es nicht vieler Worte bedurfte, um einander zu verstehen. In kurzer Zeit wurde aus Freundschaft Liebe. Eine Liebe, so fest und tief, dass sie jeder Belastung standhalten wird. Dafür danke ich dir.

Wünsche für die Zukunft

An einem solchen Tag schauen meist alle zurück auf die mehr oder weniger gemeinsam verbrachten Jahre. Wir sind in der umgekehrten Situation; unsere Lebenswege haben sich erst vor kurzem getroffen. Deshalb schaue ich nicht zurück, sondern voraus. Ich wünsche mir und hoffe für uns, dass wir noch viele gemeinsame Jahre haben werden. Dass wir gesund bleiben. Dass eintrifft, was wir vom Leben erwarten. Dass wir erreichen, was wir uns vorgenommen haben.

Ich trinke dieses Glas auf dein Wohl!

Man hat mir gesagt, dass nach mir keiner mehr auf der Rednerliste steht. Deshalb kann ich das von den meisten schon heiß ersehnte Signal geben: Das Büfett ist eröffnet!

Zum 40. Geburtstag

Der Ehemann oder Lebenspartner spricht zum Geburtstag seiner Frau oder Lebenspartnerin

Typus:	*Ansprache*
Ort:	*Im Haus der Familie oder im Lokal*
Publikum:	*Familienangehörige und Freunde*
Dauer:	*ca. 3 Minuten*
Stil:	*freundlich, nachdenklich*

Liebe Alexandra,
liebe Freunde und Gäste, hallo Familie,

allen, die uns länger kennen, wird es nicht selbstverständlich sein, dass wir heute miteinander feiern. Selbst Wohlmeinende haben uns nicht mehr als zwei Jahre gegeben, damals, als wir zusammenzogen. Wir haben uns im ersten Jahrfünft unserer Beziehung gerauft und gebissen, und das waren alles andere als Katzbalgereien. Einmal bin ich ausgezogen, zweimal hast du mich rausgeschmissen.

Rückblick auf überwundene Probleme

Dass wir dennoch immer wieder zusammenkamen, ist in erster Linie dir zu verdanken. Du hast dich mit der neumodischen Phrase vom so genannten Lebensabschnittspartner nicht anfreunden wollen und warst der unverrückbaren Ansicht, dass ein gegebenes Versprechen – auch ohne Standesamt und Traualtar – einzuhalten ist. Deiner Festigkeit verdanke ich manche Einsicht. Zum Beispiel, dass Partnerschaft kein Konsumartikel ist, den man erwirbt, benutzt und anschließend entsorgt. Auch wenn es modern ist, sich so zu verhalten; an deiner Seite bin ich gerne unmodern. Immerhin haben wir im zweiten Jahrfünft unserer Beziehung den anderen bewiesen, dass wir eine Beziehung führen können. Nebenbei bemerkt, manche der damaligen Skeptiker sind uns einen solchen Beweis schuldig geblieben.

Zum 40. Geburtstag

Qualitäten der Jubilarin

Ein solcher Tag wie heute ist wie geschaffen dafür, dir von Herzen zu danken. Zu deinen Qualitäten im Beruf und deinem Engagement für das Montessori-Kinderhaus kann ich nicht anderes sagen, als dass ich dich bewundere. Dass du daneben noch unsere Beziehung gerettet und die Grundlage für unsere Familie geschaffen hast, ist für mich das Größte. Ich will ein Beispiel erzählen. Auf dem absoluten Tiefpunkt unserer schwersten Krise hast du eine Katze aus dem Tierheim geholt, um die wir uns beide kümmern mussten. Ich will nicht behaupten, dass wir allein wegen der Katze noch zusammen sind. Aber die Episode wirft ein bezeichnendes Licht auf deine Art der Krisenbewältigung.

Damit keiner denkt, in unserer Familie gäbe es immer nur Hauen und Stechen: Georg und Sibylle, unsere beiden wohlgeratenen Juniorpartner, sind wohl der beste Beweis dafür, dass wir inzwischen eine andere Qualität erreicht haben. Zur Information an die Großeltern: Die beiden werden heute kein Gedicht aufsagen und kein Lied singen. Dieses ist ein fröhlicher Tag, und die Kinder haben auch ein Recht auf eine stressfreie Geburtstagsfeier.

Liebe Alexandra, ich danke dir, dass du von deinen vierzig Jahren schon mehr als zehn mit mir verbracht hast. Ich danke dir, dass du mich in vielen wichtigen Fragen eines Besseren belehrt hast, sodass ich guten Gewissens sagen kann, dass du meine bessere Hälfte bist. Ich danke dir für das Glück, eine Familie zu haben und wünsche dir, du mögest nach Jahren

Anführung eines passenden Zitats

sagen können: „Das war der Weg. Dem Traum folgen und abermals dem Traum folgen – und so – in alle Ewigkeit – usque ad finem", wie es in einem deiner Lieblingsbücher so zutreffend heißt.

Möge die Torte schmecken und der Kaffee stark genug sein. Genug von allem ist da.

Zum 40. Geburtstag

Rede des Vaters für den Sohn

Typus:	*Rede*
Ort:	*Haus der Familie oder Lokal*
Publikum:	*Familienangehörige und Freunde*
Dauer:	*ca. 3 bis 5 Minuten (je nach Filmlänge)*
Stil:	*heiter, freundlich*
Hilfsmittel:	*Videorekorder, TV-Gerät, vorbereitetes Filmmaterial; alternativ: Diaprojektor und Dias*

Lieber Andreas,

im Drehbuch deines Lebens stand zunächst ein Vorfilm. Es ging natürlich um die Liebe, schon immer das Wichtigste im Leben der Menschen. Ich traf deine Mutter und verliebte mich sofort in sie. Das beruhte wohl auf Gegenseitigkeit, denn schon bald standen wir vor dem Standesbeamten. Ungefähr neun Monate später kamst du auf die Welt. Es war einer der schönsten Tage in unserem Leben. Nun begann der Hauptfilm. **Einstimmung auf den Film**

In den ersten Szenen schliefst du noch viel. Doch dann wurde es lebhafter. **Beginn der Vorführung**

Als du in die Schule kamst, wurde aus dem unterhaltsamen Familienfilm ein Actionabenteuer, in dem du von nun an der absolute Held warst.

Deine Mutter, die sich an den Zustand deiner Wäsche erinnert, hielt das alles eher für einen Horrorfilm.

So war der Gang der Handlung: Erst waren deine Lehrer wichtiger als wir. Dann waren deine Freunde wichtiger als wir und deine Lehrer. Aber dann trat Sabine in dein Leben und wurde wichtiger als alles andere zusammen.

Hervorragendes Casting, muss ich sagen. Die Liebe veränderte dich. Du entdecktest plötzlich wieder den Ehrgeiz in dir. Jetzt führte nicht mehr Bruder Zufall die Regie in deinem Leben, sondern du selbst.

Zum 40. Geburtstag

Die Lovestory wurde zur Erfolgsstory. Du nahmst Sabine zur Frau, was für mehr als nur guten Geschmack spricht. Junge, das war die gelungenste Szene in deinem Lebensfilm.

Du zeugtest einen Sohn (eine Tochter) und versetztest uns damit in den ehrenhaften Stand von Großeltern.

Du pflanztest einen Baum – ich bin mir nicht ganz sicher, es kann auch ein Johannisbeerstrauch gewesen sein.

Du bautest dieses Haus, in dem wir heute hier zusammengekommen sind, um dir zu deinem vierzigsten Geburtstag zu gratulieren.

Ausklang Wir, deine Mutter und ich, sind sehr stolz auf dich. Lass dich heute feiern! Wir wünschen dir für die nächsten 40 Jahre nur das Beste, Gesundheit, Liebe und Erfolg sowie eine Hauptdarstellerin, die immer besser wird. Außerdem viele packende Szenen und gelungene Regieeinfälle. Und vielleicht dreht ihr auch noch – darf ich das sagen? – einen ähnlich gelungenen Nachwuchsfilm wie beim ersten Mal …

Diese Rede ist als Kommentar zu verschiedenen Filmsequenzen gedacht, die das Leben des Gefeierten dokumentieren, sofern im Familienarchiv Videomaterial vorhanden ist. Aus der Schmalfilmzeit stammendes Material lässt sich auf VHS-Kassetten umkopieren. Eventuelle Lücken kann man auch durch einkopierte Standfotos überbrücken. Je nach der Ergiebigkeit und Länge der montierten Sequenzen müssen Sie Redepausen einkalkulieren und auch mit Lachern rechnen, z. B. bei Kinderszenen, in die Sie nicht hineinsprechen sollten. Detailschilderungen in Ihrer Rede richten sich natürlich nach Ihrem persönlichen Filmmaterial. Insgesamt sollte die Vorführung nicht länger als 5 bis 6 Minuten dauern, auch wenn mehr brauchbares Material vorliegen sollte.

Alternativ können Sie auch Dias projizieren. In diesem Fall müssen Sie den Text entsprechend anpassen.

Rede der Eltern (Mutter) für die Tochter

Typus:	*Rede*
Ort:	*Haus der Familie oder Lokal*
Publikum:	*Familienangehörige und Freunde*
Dauer:	*ca. 5 Minuten*
Stil:	*freundlich, nachdenklich*

Liebe Cornelia,

heute wirst du 40 Jahre alt, und dir kommt es sicher so vor, als sei das schon fast ein biblisches Alter. Mit den ersten Silberfädchen in deinem Haar hat ein Hauch von Weisheit dein Denken berührt. Aber wenn du erst mal so alt bist wie wir, deine Eltern, dann wirst du wissen, wie jung man mit 40 noch war. Und wie wenig man doch von der Welt und den Menschen gewusst hat. Und dass man, so alt man wird, nie auslernt, zu verstehen. **Alter ist relativ**

Wahrscheinlich denken Frauen häufiger über das Altern nach. Auf jeden Fall fangen sie früher damit an. Denn sie sind einfach früher mit der Tatsache konfrontiert, dass man sie nicht mehr für so jung, attraktiv und sexy, für so begehrenswert hält wie einst. Schaut man in die Werbung, bekommt man ja den Eindruck, dass Fältchen im Gesicht ein Kapitalverbrechen sind, das man mit allen gesetzlich zulässigen Mitteln bekämpfen muss. Aber du als unsere Tochter gehörst, wie wir dich kennen, nicht zu denen, die sich von der Werbung Stress machen lassen.

Dennoch: 40 Jahre sind eine ganz schön lange Zeit, doch mir ist, als hätte ich erst vorgestern deine ersten Schritte gelenkt und deine ersten Beulen gekühlt.

Dein erster Schultag war so gesehen gestern, und für uns Eltern war er vielleicht noch aufregender als für dich selbst. **Erinnerung der Eltern**

Zum 40. Geburtstag

Und wie bei allen Kindern flossen auch bei dir manchmal die Tränen: eine schlechte Note, der Verrat der besten Freundin, der große Kummer um die erste Liebe. Aber ich denke, alles in allem warst du eher fröhlich als traurig. Und als du uns dann zum Abiturball eingeladen hast, konnten wir gar nicht glauben, dass die 13 Jahre Schule schon vergangen waren und du nun kein Kind mehr warst.

Rückblick auf schwierige Entscheidungen

Wie du das verstanden wissen wolltest, kein Kind mehr zu sein, hast du uns damals ziemlich drastisch klargemacht. Von heute auf morgen zogst bei uns aus. Du machtest Ernst mit dem, was du „dein eigenes Leben" nanntest. Das hat uns am Anfang wehgetan. Aber es nötigte uns auch Hochachtung ab. Da warst du, ein Stück von unserem Selbstbild, das uns nun als Gegenbild entgegentrat. Damit klarzukommen, mussten wir erst lernen. Aber hatten wir es nicht immer so gewollt, dass du beizeiten selbstständig und lebenstüchtig bist? Ja. Hätten wir es lieber gesehen, wenn du noch jahrelang am Rockzipfel deiner Mutter gehangen und vom Geld und den Beziehungen deines Vaters gelebt hättest? Nein.

Inzwischen haben wir oft über die damalige Zeit gesprochen. Wir wissen, auch dir hat es wehgetan, die Nabelschnur endgültig durchzuschneiden. Und du musstest den Schnitt machen, weil eine allmähliche Ablösung, ein Abschied auf Raten, noch unerträglicher gewesen wäre.

Wenn wir heute mit dir zurückblicken, können wir erkennen, dass damals alles richtig war. Heute stehst du erfolgreich im Berufsleben, hast Mann und Kind. Uns ist leicht ums Herz, wenn wir sehen, dass es dir und deiner Familie gut geht. Und wenn du heute zu uns zu Besuch kommst, geschieht das ganz zwanglos, ohne die Verpflichtung eines äußeren Anlasses, ohne rituelle Abläufe, aus einem echten Bedürfnis heraus. Diese Befreiung des Umgangs miteinander vom Korsett der Anlässe und Verpflichtungen haben wir Alten von dir gelernt.

Gute Wünsche für die Zukunft

Ich hoffe zuversichtlich, dass es noch viele Jahre so bleibt, dass wir in gegenseitigem Respekt etwas voneinander lernen können. Glück und Gesundheit auf den Weg, liebe Cornelia!

Zum 40. Geburtstag

Heiteres Gedicht für den Vierziger/die Vierzigerin

Typus:	*Vortrag*
Ort:	*Wohnung oder Gaststätte*
Anlass:	*Überbrückung einer Pause*
Publikum:	*gemischte Geburtstagsgesellschaft*
Dauer:	*ca. 2 Minuten*
Stil:	*heiter*

Vor vierzig Jahren wurdest du geboren,
und darum feiern heute wir ein Fest.
Mit vierzig Jahren ist noch nichts verloren;
da bleibt zu leben noch ein schöner Rest.

Vor vierzig Jahren war die Welt noch kleiner;
das Fernsehn war noch neu und ungewohnt.
Nach vierzig Jahren fragt sich heut manch einer,
ob fern zu sehn sich überhaupt noch lohnt.

Vor vierzig Jahren fing man an zu reisen;
bis Norditalien reicht knapp das Geld.
Doch heute reisen wir zu Schnäppchenpreisen
auf Kreuzfahrtschiffen um die halbe Welt.

Vor vierzig Jahren wurde es elektrisch
im Haushalt. Waschen, Spülen und noch mehr.
Es war zwar alles nicht, wie heut, so hektisch,
doch Mutter freute sich darüber sehr.

Vor vierzig Jahren im Kabinenroller
fuhr Papi sonntags euch durchs halbe Land.
Heut fühlt im Cabrio man sich viel toller,
und düst zum Baden schnell mal an den Strand.

Zum 40. Geburtstag

Wollt' man vor vierzig Jahren essen gehen
dann war'n die Straßen leer, die Kneipen voll.
Heut ist der Stau der beste Platz zum Stehen;
man fragt sich, was das alles werden soll.

Vor vierzig Jahren schätzte man das Runde,
man liebte es nicht schlank und eingeschnürt.
doch heute hungert man die Überpfunde
sich mühsam ab. Wer weiß, wohin das führt.

Vor vierzig Jahren war die Arbeit schwerer
doch bald gehörte Papi samstags dir.
Jetzt fehlts an Arbeit, sind die Kassen leerer,
dabei: Zu tun gäbs wirklich reichlich hier.

In vierzig Jahren wechselten die Moden
mal war'n die Röcke kurz, mal wieder lang,
mal fegten Schlaghosen den Bühnenboden,
mal zwangen Röhrenjeans zum steifen Gang.

Vor vierzig Jahren wurdest du geboren,
und darum feiern heute wir ein Fest.
Mit vierzig Jahren ist noch nichts verloren;
da bleibt zu leben noch ein schöner Rest.

Diese im Deutschen sehr gebräuchliche Vers- und Strophenform eignet sich gut, um eigene Erlebnisse oder Ereignisse aus dem Leben des Geburtstagskinds in Verse zu setzen. Hören Sie sich einfach gut in den Rhythmus ein, dann gelingt es Ihnen bestimmt.

Zum 50. Geburtstag

Der Ehemann spricht zum Geburtstag seiner Frau

Typus:	Rede
Ort:	Wohnung oder Gesellschaftsraum
Publikum:	Familie, enge Freunde
Dauer:	ca. 5 Minuten
Stil:	nachdenklich

Liebe Gisela, liebe Anverwandte und Anverwandelte, liebe Freunde der Familie,

du, mein Schatz, wirst 50, und für den Ehemann beginnen jetzt die schwierigsten Jahre der Frau. Seit die Illustrierten die neuen Fünfzigjährigen entdeckt haben, gehen die Frauen nicht mehr zu den Grauen Panthern sondern zu den Karate-Tigern.

Da wir gerade bei den Raubkatzen sind: Natürlich warst du, wenns drauf ankam, schon immer eine Löwin. Du könntest auch noch Jungfrau sein – astrologisch gesehen. Denn du bist so hart auf der Grenze zwischen beiden Tierkreiszeichen geboren, dass es wirklich eine Minutensache ist – und so genau hat vor 50 Jahren keiner auf die Uhr geschaut. Jedenfalls kannst du dir aus den Wochenhoroskopen der Zeitschriften immer das heraussuchen, was dir am besten gefällt. Und da Löwe und Jungfrau ziemlich gegensätzlich sind, findet sich bei einem von beiden immer eine positive Prognose.

Brücke zur Astrologie

Die Gegensätze hast du aber auch tatsächlich in dir. Mal reißt es dich hin zum großen Entwurf, dass man dir kaum folgen kann, im nächsten Moment bist du schon wieder in die

Zum 50. Geburtstag

Rückblick auf erlebte Weltgeschichte

Details vertieft, dass man meint, du würdest mit diesem langweiligen Kram überhaupt nicht mehr fertig. Eben eine Löwen-Jungfrau vom 23. August. Lass uns doch einmal zurückschauen, was dieser 23. August so gebracht hat.

An deinem Geburtstag im Jahr 1949 wäre aufgrund deines ersten Schreis fast vergessen worden, die Neuordnung der süddeutschen Länder in die Wege zu leiten. Statt dich ordentlich zu begrüßen, verkündet Konrad Adenauer auf einer Pressekonferenz, er denke an eine Regierungsbildung ohne Beteiligung der SPD. Eine viermotorige DC 4 startet von Bremen aus zu einem Non-Stop-Flug nach Amerika; damit wird die Transatlantikroute Bremen–New York eröffnet.

Am Tag deiner Geburt wird der amerikanische Filmstar Gene Kelly 37. Ob deine Mutter das gewusst hat? Dass 195 Jahre vor dir Ludwig XVI. in Versailles geboren wurde, dürfte dir ziemlich egal gewesen sein. Auch dass 136 Jahre vor deiner Geburt bei Großbeeren, südlich von Berlin, eine Schlacht tobte.

An deinem 2. Geburtstag schließen Israel und die USA ein Freundschaftsabkommen und ein Sowjetmarschall fordert die Jugoslawen auf, „das Tito-Regime zu liquidieren".

Neun Tage vor deinem 3. Geburtstag löst die DDR-Regierung die bestehenden fünf Länder auf und teilt das Territorium in 14 Bezirke und die Hauptstadt Ost-Berlin ein. Während du die dritte Kerze ausbläst, wird in Griechenland Vicky Leandros geboren.

An deinem 9. Geburtstag läuft die *Gorch Fock,* das neue Segelschulschiff der Bundesmarine, in Hamburg vom Stapel. Dein 12. Geburtstag ist überschattet vom Mauerbau in Berlin, der zehn Tage zuvor begonnen hat. Die 12 Kerzen auf deiner Geburtstagstorte flackern ein wenig. Denn amerikanische, britische und französische Streitkräfte mit Panzern und Sturmgeschützen nehmen die Sektorengrenze von Berlin demonstrativ unter ihren Schutz.

Am 23. August 1967 fordert die DDR rund eine Milliarde D-Mark von der Bundesrepublik für Leistungen, welche die

Zum 50. Geburtstag

Deutsche Post der DDR für die Bundespost erbracht haben soll. Und du wirst 18.

An deinem 30. Geburtstag einigen sich Bund und Länder darauf, den Salzstock von Gorleben als Endlager für radioaktive Abfälle aus Kernkraftwerken vorzusehen.

An deinem 40. Geburtstag wird die Botschaft der Bundesrepublik in Prag geschlossen. Tausende DDR-Bürger halten das Gelände besetzt und wollen ihre Ausreise in den Westen erzwingen. Dass es bis zur Maueröffnung nur noch 78 Tage dauern würde, konnte noch keiner wissen.

Und heute sitzen wir zusammen, erzählen uns, was gewesen ist und spekulieren, was uns noch bevorstehen mag. Wie wir dich kennen, hast du weit reichende, löwenmäßige Pläne. Auch mir erzählst du ja nicht alles; aber das macht unsere Beziehung ja gerade so spannend und aufregend. **Von der Vergangenheit in die Zukunft**

Was wollen wir als Nächstes anstellen: Einen Segeltörn zum Nordkap? Ein Flugboot anmieten und eine Karibikinsel unsicher machen? Einen Verlag gründen? Eine Astronautenausbildung beginnen?

Ich höre schon den Einspruch der anderen: Das kannst du nicht machen, das ist nichts für dich. Dafür bist du zu alt. Lass dir nichts ausreden, geliebte Löwen-Jungfrau, und denk immer an den heiser gesprochenen Satz der Rockdiva Nina Hagen: „Man ist nie zu alt. Höchstens zu spät." **Abschluss mit einem Zitat**

Die jeweiligen Daten zum Geburtstag kann man in Büchern und in einschlägiger Software einsehen. Es gibt Chronikbände zu einzelnen Jahren, aber es gibt auch Tageschroniken für jeden Kalendertag des Jahres. Diese Büchlein sind, nebenbei bemerkt, ein beliebtes Geschenk. Wenn Sie ohnehin die Absicht haben, es zu verschenken, „plündern" Sie es vorher doch für Ihre Geburtstagsrede aus!

Zum 50. Geburtstag

Die Ehefrau spricht zum Geburtstag ihres Mannes

Typus:	*Ansprache*
Ort:	*Wohnung oder Gesellschaftsraum*
Anlass:	*Gratulation nach überstandener Krankheit*
Publikum:	*Familie, enge Freunde*
Dauer:	*ca. 3 Minuten*
Stil:	*nachdenklich*

Lieber Helmut,

dass wir uns heute treffen können, um deinen 50. Geburtstag zu feiern, macht uns alle sehr, sehr froh. Besonders natürlich mich, musste ich doch in den vergangenen beiden Jahren um den liebsten Menschen in meinem Leben bangen.

Überwindung einer schweren Krankheit
Als du vor zwei Jahren mit diesem schrecklichen Befund nach Hause kamst, dachte ich, die Welt müsste untergehen. Und ich mit ihr. Doch du hast tapfer, voller Zuversicht und mit Vertrauen in deine Ärzte gegen die Krankheit gekämpft. Die Kinder und ich haben auf Besserung gehofft und dich unterstützt, so gut wir konnten. Uns allen hat sehr geholfen, dass du von Anfang an viel über die Krankheit gesprochen hast, über die Therapie, über die Heilungsaussichten, über die Zeit danach – und auch über die Möglichkeit, nicht wieder gesund zu werden und über die Zeit nach deinem Tod. Nichts ist unausgesprochen geblieben. Die Zeit, in der du krank warst, war eine harte Zeit für uns alle. Gemeinsam haben wir sie durchgestanden. Heute bist du wieder gesund. Und wir alle hoffen und wünschen, dass es so bleibt.

Mit Optimismus in die Zukunft
In der Zeit, in der dein Leben – im wahrsten Sinne des Wortes – auf Messers Schneide stand, wurde mir erst richtig bewusst, wie sehr ich dich liebe und brauche, wie gut unsere gemeinsamen Jahre waren. Es ist, als wärst du mir aufs Neue

begegnet. Schon am Abend freue ich mich darauf, am Morgen neben dir zu erwachen, auf unser gemeinsames Frühstück … Nach diesen zwei schweren Jahren wünsche ich uns eine lange unbeschwerte Zeit. Und dir vor allem Gesundheit, Gesundheit und nochmals Gesundheit.

Die Nichte spricht zum Geburtstag ihrer Tante

Typus:	*Ansprache*
Ort:	*Gasthof, Festzelt, Gartenparty*
Anlass:	*Überreichung des Geschenks*
Publikum:	*Freundeskreis*
Dauer:	*ca. 4 Minuten*
Stil:	*locker, freundlich*

Liebe Tante Gerda,

als ich heute mit einem großen Blumenstrauß bei dir anrückte, sagte jemand, der uns beide schon sehr lange kennt: „Ihr zwei werdet euch auch immer ähnlicher." Darüber musste ich zwar einen Augenblick nachdenken, dann habe ich mich aber entschlossen, es als Kompliment für uns beide aufzufassen: Dir testiert man damit, dass du immer jünger wirst, und auf mich strahlt etwas von deiner Reife und Lebenserfahrung ab.

Beziehung der Rednerin zur Jubilarin

Alle hier wissen, dass du meine Lieblingstante bist, ich kann das sagen, ohne jemanden zu verletzen, denn du bist meine einzige Tante. Und alle wissen, dass ich dich „meine Prachttante" nenne, und dass dies alles andere als respektlos gemeint ist.

Vier Eigenschaften sind es vor allem, die ich an dir schätze. Als Erstes Mütterlichkeit. Es wird keinen wundern, wenn ich

Herausragende Eigenschaften

Zum 50. Geburtstag

das so empfinde, schließlich bist du die jüngere Schwester meiner Mutter, und vieles, was sie hat, hast du auch. Als Zweites – dafür gibt es gar keinen eigenen Begriff –, kurz: ich habe dich als Freundin kennen gelernt, die mir zugleich so vertraut war wie eine Schwester. Eine mütterlich-schwesterliche Freundin also. Das Dritte, für das ich dich preise, ist deine Verschwiegenheit. Heute kann ich's ja beichten: Meine ersten Verabredungen habe ich überhaupt nur treffen können, weil ich meinen Eltern sagte, ich wäre bei dir. Und du hast wunderbar dichtgehalten und dir ganz herrliche Ausreden einfallen lassen, wenn meine Mutter mich „nur mal schnell" sprechen wollte. Für Verschwörungen wäre eine Schwester nicht fair genug, eine Freundin zu selbstsüchtig. So was kann man nur mit seiner Prachttante machen. Das Vierte, das ich hervorheben will, hat nicht nur mir geholfen, sondern auch vielen anderen. Ich meine deine Fähigkeit und deine Bereitschaft, zuzuhören und auf andere einzugehen. Damit wir uns recht verstehen: Du warst für mich nie der „seelische Mülleimer", in dem man seinen Psycho-Müll ablud. Denn so einfach hast du mich nicht davonkommen lassen. Wenn man sich bei dir ausheulen wollte, hatte man – unter deiner Anleitung – schon manchmal ein schweres Stück Trauerarbeit zu leisten. Und oft erschien die Tragödie hinterher als Farce, und als solche war sie natürlich viel leichter zu bewältigen. Deine unnachahmliche Art, anderen tröstend den Kopf zu streicheln und ihn dabei gehörig zurechtzurücken, hat mich immer fasziniert. Darum danke ich dir von ganzem Herzen für die ungezählten Momente der unaufdringlichen Nähe und der fühlbaren Zuwendung. Du hast sie mir – und, wie ich weiß, vielen anderen – ohne Zögern geschenkt. Und geschenkt heißt: Du hast gegeben, ohne etwas dafür zu fordern oder auch nur zu erwarten. Für dieses große, dauerhafte Geschenk kann das, was wir dir heute überreichen, nur eine kleine Entschädigung sein. Ich hoffe, dass es dir Freude macht. Und es klingt schon fast ein wenig eigennützig: Ich hoffe natürlich auch, dass du uns auch weiterhin die Freude machst, gelegentlich deine Schul-

Einbeziehung der übrigen Gäste

ter und deine Taschentücher herzugeben, und dass du ganz jungen Menschen eine verschwiegene Freundin bist, wenn sie sich mal mit jemandem gegen die böse Welt oder gegen die eigenen Eltern verbünden müssen. Wenn meine Tochter mir meines Tages ankündigt, sie werde bei Tante Gerda übernachten, werde ich jedenfalls sehr hellhörig sein.

Erwiderung der Jubilarin

Typus:	*Erwiderung*
Ort:	*Gasthof, Festzelt, Gartenparty*
Anlass:	*Entgegennahme des Geschenks*
Publikum:	*Freundeskreis*
Dauer:	*ca. 2 Minuten*
Stil:	*nachdenklich, freundlich*

Liebe Jutta,

ich danke dir für die anrührenden Worte, die du mir gewidmet hast. Ich danke euch allen herzlich für das Geschenk. Und vor allem danke ich euch dafür, dass ihr alle gekommen seid, um meinen Geburtstag mit mir zu feiern. **Bezugnahme auf Rede und Geschenk**

Einen Widerspruch muss ich aber anmelden. Ich werde dieses schöne Geschenk als wunderbare Gabe lieber Menschen annehmen. Aber nicht als Entschädigung! Denn das würde heißen, ich hätte einen Schaden erlitten. Dies war nicht der Fall. Jutta hat gesagt, ich hätte ihr, als sie es nötig hatte, ohne Zögern meine Aufmerksamkeit und Zuwendung geschenkt. So war es. Und so wird es bleiben. Wer sich selbst anderen schenkt – und nichts anderes habe ich immer wieder versucht – erlebt etwas Wunderbares: Er sieht, wie dieses Hingeben andere Menschen verändert. Solche Veränderungen in anderen Menschen waren mir immer viel wichtiger als veränderte

Tapeten oder ein neues Auto. Ich habe ein paar Vorschläge gemacht. Den einen oder anderen habt ihr angenommen. Am schönsten, Jutta, war es für mich, wenn ich dich auf eine Lösung aufmerksam machen konnte, die du eigentlich selbst schon gefunden hattest.

Eröffnung des Büfetts
Bevor ich aber hier in Rührung und Edelmut zerfließe und ihr mich für eine alte weise Zauberin haltet: Schön, dass ihr da seid. Das Büfett ist eröffnet. Haut rein!

Schwestern und Pfleger gratulieren dem Oberarzt

Typus:	*Ansprache*
Ort:	*Schwesternzimmer*
Anlass:	*Einladung zum Geburtstagskaffee*
Publikum:	*Schwestern und Pfleger*
Dauer:	*ca. 2 Minuten*
Stil:	*freundschaftlich, kollegial*

Lieber Herr Doktor Winkler,

wie jedes Jahr zu Ihrem Geburtstag haben Sie uns, Ihre Schwestern und Pfleger, wieder mit Kaffee und Kuchen verwöhnt. In diesem „runden" Jahr wollen wir nicht nachstehen. Auch wenn es allen ernährungswissenschaftlichen Grundsätzen, die wir sonst unseren Patienten immer predigen, Hohn spricht: Zu diesem besonderen Tag soll es von uns eine kleine Aufmerksamkeit und ein großes Dankeschön geben.

Direkte Ansprache
Sie, lieber Herr Doktor Winkler, sind wirklich ein Chef mit Klasse. So was wie Sie findet man so schnell kein zweites Mal. Selbst wenn der Stress bis an die Panikmarke steigt, zu uns sind Sie immer ausgeglichen und freundlich, und für die Patienten geht alles immer seinen geregelten Gang. Ob es im

Zum 50. Geburtstag

Dienstplan klemmt oder Persönliches Sie belastet – Sie haben stets ein offenes Ohr für uns. Und das ist schon nicht mehr selbstverständlich heutzutage, wo sich kaum noch einer die Zeit nimmt, dem anderen zuzuhören.

Wir haben eigentlich nur eine einzige Sorge: dass auch irgendwann einmal die Klinikleitung mitbekommt, wie toll Sie sind, und Sie von uns wegbefördert. Damit das wenigstens heute nicht passiert, haben die Oberschwester und Ihre Kollegen auf der Station alles so geregelt, dass Sie wirklich einmal vollkommen gemütlich Kaffee trinken und sich mit Kuchen und Sahnetorte vollstopfen können.

Beschwörung des Gemeinschaftsgefühls

Möge ein kleines Übergewichtchen Ihnen lange erhalten bleiben und Sie erinnern an Ihr dankbares Team der Schwestern und Pfleger.

Der Chef würdigt eine verdiente Mitarbeiterin

Typus:	*Rede*
Ort:	*Besprechungsraum oder Kantine*
Anlass:	*Feier im Unternehmen*
Publikum:	*Kollegen*
Dauer:	*ca. 6 Minuten*
Stil:	*heiter, kollegial*

Liebe Frau Gieseler,

ich muss Ihnen heute kein Zeugnis ausstellen, aber wenn ich müsste, könnte ungefähr das Folgende drinstehen:

Rede als „Zeugnis"

Sie gehören unserem Unternehmen seit 17 Jahren an und begannen bei uns als Sekretärin. In diesem 17 Jahren waren Sie aber nicht nur ein Muster an Engagement und Pflichterfüllung, sondern Sie bestätigten die These unseres Senior-

Zum 50. Geburtstag

chefs, dass außergewöhnliche Qualifikationen auch außergewöhnliche Karrieren rechtfertigen. Sie kennen ja die Ansicht unseres Seniors: „Ein Universitätsabschluss ist sehr nützlich, wenn es um intelligenten Smalltalk geht." Für seine Personalentscheidungen waren Magisterdiplom und Doktorhut stets nebensächlich.

Werdegang der Mitarbeiterin

Dabei begann Ihr Weg bei uns mit etwas, was bei den meisten Unternehmen eher hinderlich ist – mit Widerspruch. Einige sind noch dabei, die sich erinnern, wie uns das Blut in den Adern erstarrte, als Sie dem Senior auf einer Betriebsversammlung Ihr „So geht das nicht!" entgegenhielten. Ehe der Chef den Mund aufmachen konnte, legten Sie schon los, um ihm aus dem Stegreif Ihr Gegenkonzept darzulegen. „Kommen Sie doch nachher bitte in mein Büro", hieß es – und alle glaubten zu wissen, dass Sie gefeuert sind, aber alle hatten sich geirrt: Sie wurden die persönliche Referentin des Chefs.

Heute leiten Sie einen eigenen Geschäftsbereich, der – das kann man mit Fug und Recht sagen – eigentlich „Ihr Kind" ist.

Verdienste der Mitarbeiterin

Als die meisten in unserer Branche Kundendienst für etwas Anrüchiges hielten, das man nur braucht, wenn etwas kaputtgeht, haben Sie begonnen, unsere Stammkunden mit Serviceleistungen zu verwöhnen und neue Kunden damit zu umwerben. Nicht zuletzt Ihr feines Gespür dafür, was die Kunden wünschen und brauchen und was sie andererseits nervt, hat uns einen beachtlichen Wettbewerbsvorteil verschafft. Ich will gar nicht davon reden, was Sie aus den Reklamationen herausgeholt haben. Der Seniorchef hat einmal ausgerechnet, was Ihre Auswertung der Reklamationen uns an Entwicklungskosten gespart hat. Ich nenne die Zahl nicht, damit Sie nicht übermütig werden. Aber eine Zahl muss ich dennoch loswerden. Heute erwirtschaftet allein der Kundendienstbereich genauso viel Umsatz wie vor 17 Jahren das gesamte Unternehmen. Ich übertreibe nicht, wenn ich sage, Sie haben im Laufe der Jahre im Schoße des Stammhauses ein zweites Unternehmen aufgebaut.

Zum 50. Geburtstag

Oft hörten wir von Ihnen den Satz: „So geht das nicht!". Ich gestehe, ich habe ihn mir in letzter Zeit auch angewöhnt. Es ist ein Satz, mit dem man sich gegen einlullende Sätze wehren kann wie: „Das haben wir schon immer so gemacht", oder „Wir machen das schon", oder „Da haben wir gar keine Wahl". Es ist ein Satz, der verfahrene Situationen „auf Anfang" zurückstellt, verfestigte Denkstrukturen aufbricht, der Widerspruch fast schon produktiv macht.

Liebenswerte Eigenarten der Mitarbeiterin

Frau Gieseler, was ist los mit Ihnen? Sie haben mir noch gar nicht widersprochen. Also, Frau Gieseler, ich muss schon sagen, so geht das nicht!

Wenn ich Ihnen hier und heute ein Zeugnis schreiben müsste, würde der Satz drinstehen: „Sie haben alle Ihnen übertragenen Aufgaben zu unserer vollsten Zufriedenheit erledigt." Eigentlich müsste ich aber schreiben: „Sie haben dem Unternehmen Aufgabenfelder erschlossen, von denen es vorher gar nichts wusste."

Der Abschluss orientiert sich an der Einleitung

Bevor ich jetzt aber allzu hymnisch werde, bekunde ich meine Zufriedenheit darüber, dass ich Ihnen heute kein richtiges Zeugnis schreiben muss. Denn das würde bedeuten, dass Sie uns verlassen wollen. Und das ist so ziemlich das absolute Gegenteil von dem, was wir Ihnen und uns heute von Herzen wünschen!

Glück zu, liebe Frau Gieseler! Möge alles Gute Sie erreichen und alles Übel Sie verfehlen!

Vortrag für einen alten Freund

Typus:	*Vortrag*
Ort:	*Saal der Gaststätte oder Festzelt*
Anlass:	*Eröffnung des Büfetts*
Publikum:	*Familie, Freunde, Kollegen, Nachbarn*
Dauer:	*ca. 3 Minuten*
Stil:	*heiter, launig*

Zum 50. Geburtstag

Man sagte mir, du sollst den großen Bahnhof hassen,
sie haben dennoch mich die Rede halten lassen,
wohl hoffend, dass ich 's pack: So schickten sie mich vor.
's ist also, wenn man nullt, ein Fest nicht zu vermeiden.
Wehr dich dagegen nicht! Nimm es, statt still zu leiden,
mags kommen, wie es kommt, nur immer mit Humor.

Man sagt dir ja auch nach: Seit du geboren bist,
verändert sich die Welt und nichts bleibt, wie es ist;
auch wäre wohl von dir noch manches zu erwarten.
Wenn solches angedroht, dann zieht man sich warm an.
Und liest man über dich, liest sichs wie ein Roman
von Taten und von Jahren, von guten und von harten.

Ganz harmlos fing es an: Als du das Licht der Welt
erblicktest, warst du nicht weniger als ein Held;
doch in der Schulzeit schon begannst du rumzuzoffen.
nicht für die Schule, nein, fürs Leben lerntest du,
Sex, Drugs und Rock 'n' Roll gehörten mit dazu –
man nennt das heute wohl: „für alles Schöne offen".

Doch kaum der Schule ledig erwischte dich der Bund,
die Schule war ein Vorspiel, jetzt ging es richtig rund.
Doch hier gelang dir, was wohl keiner hätt' erraten:
Nicht du, vielmehr der Bund machte am Ende schlapp,
Denn schließlich hieß es doch: „Okay, wir rüsten ab!"
Der Coup gelang dir wohl zur besten deiner Taten.

Doch auch, was dann noch kam, das war nicht zu verachten.
Wenn sie auch manches Mal dich blau nach Hause brachten,
dein Studium zogst du durch, so wie du es gewollt.
Die Jahre nach der Uni war'n Herrenjahre nicht,
doch wo der Tunnel endet, war immer schon ein Licht;
dem Leben für ein Ziel hast du Tribut gezollt.

Zum 50. Geburtstag

Bald standst du sich'ren Tritts auf der Karriereleiter,
und Schritt für Schritt gings stets ein Stückchen weiter,
und schaust du heut zurück, ist freundlich die Bilanz.
Doch warst du's nicht allein, der alles dies geschafft.
Du hast in deine Frau beizeiten dich vergafft:
Die bess're Hälfte erst vollendete dich ganz.

Wenn eine Hälfte so perfekt die andre find't;
dann stellt sich ein – na, was schon? – klar: ein Kind.
Und auch dies Werk ist euch rundum sehr gut gelungen.
Das Kind ist flügge schon und widmet selbst sich Kindern;
ihr konntet weder es verzögern noch verhindern.
Wie einst die Alten sungen, so zwitschern heut die Jungen.

Einstmals gelang es dir, hier Bauland auszuweisen,
und du erwarbst es noch zu moderaten Preisen;
dann warst du schuldenreich infolge deines Baus.
Was kann ein Mann wie du Vernünftigeres wagen?
Heut sind die Lasten schon weitgehend abgetragen.
Wir alle feiern dich in deinem eignen Haus.

Wenn sich bis hierher schon das Leben kräftig dehnte,
nimm doch mit frohem Mut die kommenden Jahrzehnte
in Angriff. Denn ich denk', dass es sich für euch lohnt.
Jedoch, ich sehe schon, man wird jetzt ungeduldig.
Verzeiht! Dem Jubilar war ich die Rede schuldig.
Ich bin am Schluss. Ihr bleibt von Weiterem verschont.

Falls Sie selber umdichten oder weiterdichten wollen: Der Vortrag gliedert sich in neun sechszeilige Strophen. Das Reimschema ist jeweils aabccb. *Jede Strophe handelt ein „Thema" ab. Nicht recht passende Strophen kann man weglassen oder komplett durch eigene Werke ersetzen.*

Zum 60. Geburtstag

Rede eines Freundes zum Geburtstag eines Unternehmers

Typus:	Rede
Ort:	Saal, Festzelt
Anlass:	Geburtstagsempfang
Publikum:	Familie, Freunde, Nachbarn, Kollegen, Offizielle
Dauer:	ca. 7 bis 8 Minuten
Stil:	besinnlich, nachdenklich

Lieber Heinz,

Ein runder Geburtstag ist etwas Besonderes

viele Gäste, deine Familie, Freunde und Nachbarn sind heute hier zusammengekommen, um dir zu gratulieren und mit dir zu feiern. Du begehst heute deinen 60. Geburtstag. Wieder rundet sich ein Jahrzehnt für dich. So ein Rundungstag ist nicht irgendein Geburtstag. Er wird von den meisten Menschen als Einschnitt, als Vollendung und gleichzeitig Beginn einer Lebensetappe empfunden. Darum will auch ich dir ein paar Worte mit auf den Weg durch die nächsten zehn Jahre geben.

Zehn Jahre im Leben eines Menschen sind viel, und doch – blickt man zurück – scheinen sie wie im Fluge vergangen zu sein. In zehn Jahren verändert sich viel, mal mit Gewinn, mal mit Verlust.

Wenn du so zurückschaust, lieber Heinz, dann fragst du dich vielleicht, wohin die Sommer gegangen sind, in denen man in der milden Abendsonne mit lieben Freunden auf der Terrasse gesessen hat. In anderen Momenten fragst du dich

Zum 60. Geburtstag

vielleicht, wohin die vielen Flaschen gegangen sind, die du auf dieser Terrasse mit deinen Freunden geleert hast. Du erinnerst dich vielleicht an die Spielnachmittage mit deinen Kindern, die nun schon lange keine Kinder mehr sind und die du viel zu selten sehen kannst. Und die Winterabende vor dem Kamin? Hattest du nicht geplant, dich mit diesem oder jenem von uns zu treffen? Zu einer Partie Schach bei einem Tropfen Rheingauer Riesling? Hattest du dir nicht bei deinem Fünfzigsten vorgenommen, endlich mehr Zeit für deine Familie, deine Hobbys, deine Freunde zu haben? Was hattest du dir noch vorgenommen? Schluss mit dem Rauchen. Mehr Sport. Im Urlaub mal an die Chinesische Mauer. Das hat man nun davon, wenn man runde Geburtstage als – gestattet mir das Wortungetüm – Lebensabschnittverkündigungstage betrachtet. Nach spätestens zehn Jahren wird man gefragt, was aus den Vorhaben geworden ist.

Rückblick auf die guten Vorsätze des vergangenen Jahrzehnts

Ich weiß, dass es sehr ungerecht ist, so zu verfahren. Wo du deinen Urlaub verbrachtest und ob du Zigaretten oder Pfeife rauchst – das sind Nebensächlichkeiten, „Peanuts", wie man im Geschäfts-Neudeutsch sagt. Viel schwerer wiegen die anderen Dinge, die du erreicht hast. Man mag sich letztlich vornehmen, was man will. Chancen stellen sich ein, die man ergreifen muss; Ereignisse treten ein, die Handeln erfordern. Vor zwanzig Jahren hätte niemand voraussehen können, dass dein Einmannbetrieb, für den die erste Umsatzmillion eine Art Traumziel war, zu einem prosperierenden mittelständischen Unternehmen heranwachsen würde. 20 Millionen Umsatz und 30 Mitarbeiter – da wird man von der Konkurrenz schon wahrgenommen und muss sich behaupten. Und dass dein Verfahren, mehrfach patentiert und weltweit angewandt, einen so durchschlagenden technologischen und wirtschaftlichen Erfolg haben würde, hat vor zwanzig Jahren auch niemand ahnen können. Nein, das stimmt nicht ganz: Du hast es nicht nur geahnt, sondern ganz fest daran geglaubt und hart dafür gearbeitet. Und noch etwas muss an dieser Stelle hervorgehoben werden. Niemand konnte ahnen, wie dringend die

Werdegang des Unternehmers

Zum 60. Geburtstag

Soziales Engagement

vom Bürgerkrieg betroffenen Kinder in … unsere Hilfe brauchen würden, weil keiner sich die Schrecken dieses Krieges ausmalen konnte. In einer Zeit, da Wegschauen in Mode kam und die Überweisung einer Spende als Beruhigung zu genügen schien, hast du einen Hilfstransport organisiert, hast Sachspenden eingesammelt, sortiert, verpackt, hast Lastwagen angemietet, Behörden gleich mehrerer Länder unter Druck gesetzt (einige behaupten sogar: bestochen) und einen Konvoi ins Krisengebiet begleitet, damit die Sachen auch dort ankamen, wo sie am nötigsten gebraucht wurden. Dafür wird man dir, dessen bin ich ganz sicher, eines Tages ein Denkmal setzen.

Hommage an die Ehefrau

Und hinter all dem stand Gisela. Ich sage das nicht aus Gründen der Höflichkeit oder wegen der Spruchweisheit, dass hinter jedem erfolgreichen Mann eine starke Frau steht. Ich sage das, weil von den sechzig Jahren, die wir hier feiern, fast genau dreißig deiner Frau gehören, lieber Heinz. Jeder hier kennt Giselas Qualitäten. Jeder weiß von eurem ganz besonders engen Verhältnis in allen Lebenslagen und Lebensfragen. Dein Verfahren ist euer Verfahren, dein Unternehmen ist euer Unternehmen, deine Entschlüsse sind immer eure Entschlüsse. Es wird uns immer ein Geheimnis bleiben, wie oft ihr *Nein* dein *Ja* umgekippt hat und umgekehrt. Ihr sprecht mit einer Zunge. Keinem ist es je gelungen, euch gegeneinander auszuspielen. Wer es je versucht hat, dem ist es nicht gut bekommen, und der ist heute jedenfalls nicht hier. Gisela! Ich könnte meine Laudatio mit dem gleichen Recht und beinahe dem gleichen Text auch dir halten. Nur hast du leider das Pech, heute noch nicht sechzig zu werden. Ein Umstand, den du vielleicht eher als Glück empfindest. Ich will das nicht weiter vertiefen.

Du, lieber Heinz, wirst auch heute wieder manchen Wunsch, manchen guten Vorsatz mit in das neue Lebensjahrzehnt hinübernehmen. Ob sich alles so fügt, wie du dir das heute vorstellst, muss die Zeit zeigen. Viel können wir durch eigenes Wirken zwingen, doch manchmal greift das Schicksal

Zum 60. Geburtstag

ein – mal mit zarter Hand, mal unerbittlich hart. Wie ich dich kenne, werden dich auch Überraschungen nicht aus der Fassung und von deinem Lebensweg bringen. Dass dir und Gisela das Schicksal wohl gewogen bleibe, das wünschen wir dir alle von ganzem Herzen. Glück, Gesundheit und viel Liebe sollen dir auch in den nächsten zehn Jahren das Leben versüßen.

Warum nur zehn Jahre? Weil ich hoffe, dann wieder eingeladen zu werden und eine mindestens so schöne Feier zu erleben wie heute. Und dann sehen wir weiter. **Auf Wiedersehen in zehn Jahren!**

Die Ehefrau spricht zum Geburtstag ihres Mannes

Typus:	*Ansprache*
Ort:	*Wohnung oder Gesellschaftszimmer*
Publikum:	*erweiterter Familienkreis*
Dauer:	*ca. 2 Minuten*
Stil:	*heiter, besinnlich*

Mein lieber Nasenbär,

Curd Jürgens sang einmal „Sechzig Jahre und kein bisschen weise…" Auch du, mein Lieber, bist nicht sehr weise geworden. Auch nicht leiser. Obwohl du dich äußerlich verändert hast, innerlich bist du doch dieser junge, ungestüme Idealist geblieben, in den ich mich damals verliebt habe. Du bist immer noch neugierig auf die Welt und die Menschen. Und obwohl du doch schon so oft auf die Nase gefallen bist, lässt du dich immer noch in Sachen verwickeln, die dich eigentlich nichts angehen. Viele unserer Freunde verstehen das nicht. Aber ich liebe dich gerade deshalb. Ein Mann, abgeklärt und besonnen, wäre mir zu fade. **Zitat passend zum Alter**

Zum 60. Geburtstag

Liebenswerte Schwächen

Auch wenn du manchmal über das Ziel hinausschießt – mein Gott, wo findet man Männer, die mit sechzig überhaupt noch ein Ziel haben? Ich hole dich schon wieder auf den Boden der Tatsachen zurück. Und ich schließe mich sinngemäß dem Satz an, den ein bedeutender Komponist einmal über seinen Lehrer gesagt hat: Deine Fehler sind mir lieber als die Stärken mancher anderer. Auch wenn du nicht aus allen Fehlern gelernt hat, die du im Laufe der Zeit gemacht hast. Du warst und bist mein bester Freund auf dieser Welt und so soll es bleiben.

Möge der Herr – oder wer auch immer – ein Einsehen haben und dich noch lange gesund und munter erhalten. Bleib wie du bist! Ein Hoch auf dich! Prost!

Der Ehemann spricht zum Geburtstag seiner Frau

Typus: *Rede*
Ort: *Wohnung oder Gesellschaftszimmer*
Publikum: *erweiterter Familienkreis*
Dauer: *ca. 6 Minuten*
Stil: *besinnlich, nachdenklich*

Liebe Sieglinde,

Einstieg mit einem Bonmot

fast unmerklich bist du neben mir weiß geworden. Ich weiß schon, was du mir erwidern wirst: Schnee auf dem Gipfel, aber im Innern immer noch ein Vulkan.

Ich würde lügen, wenn ich behauptete, du hättest dich während der langen Zeit, die wir nun schon zusammen sind, überhaupt nicht verändert. Vor allem würde ich dich mit dieser Lüge sehr verärgern. Denn nichts Ärgeres könnte man dir nachsagen als: Du hast dich nicht verändert.

Zum 60. Geburtstag

Ich habe mir in der vergangenen Woche unsere alten Fotoalben angeschaut. Die Bilder, die es von dir gibt, lassen sich in zwei Gruppen einteilen. Die eine Gruppe sind Fotos von Situationen, in denen du nicht fotografiert werden wolltest. Meist hast du dich abgewandt oder die Kamera einfach ignoriert. Das sind dann so die typischen Urlaubsfotos: Reling mit Sieglinde und Ägäis – im Hintergrund Krater von Santorin. Die andere Gruppe sind Fotos, bei denen ich mich genau erinnere, dass du auf das Klicken des Auslösers richtig gewartet hast. Du hast mich ganz offen und erwartungsvoll angeschaut. Und die Kamera hat einen – deinen – Augenblick festgehalten. Diese Bilder sind mir die liebsten.

Revue passieren lassen anhand von Schnappschüssen

Oft fallen mir bei diesen Fotos Dinge ein, die mit den Situationen auf den Fotos gar nichts zu tun haben – aber sehr viel mit uns und der Zeit, die wir gemeinsam hatten. Dass unsere erste gemeinsame Anschaffung eine Schreibmaschine war. Unser Flug nach Berlin. Der Moment, als du mir sagtest, dass du schwanger bist. Der Moment, als du mir sagtest, dass unsere Tochter schwanger ist. Ein lächerliches Vierteljahrhundert lag dazwischen. Ein Vierteljahrhundert nicht nur angefüllt mit über 1000 im Gleichmaß verlaufenen Arbeitswochen, sondern erfüllt von vielen solcher Augenblicke. Für jeden anderen, außer uns, erscheinen sie unwichtig. Jeder andere als ich würde auf den Fotos nur eine x-beliebige Frau sehen, die in die Kamera guckt.

Weißt du noch, dass wir uns erst 1974 einen Farbfernseher kauften und dass man uns bis dahin für vollkommen altmodisch gehalten hat, weil wir noch immer unser Schwarzweißgerät hatten, das einfach nicht kaputtgehen wollte? Es gibt ein Foto von dir aus diesem Jahr, auf dem du dir lachend mit der Hand an die Stirn schlägst. Genau wie nach unserem Einkauf damals: Wir waren an einem Samstagvormittag in die Stadt gefahren, um violette Nähseide für Lauras Faschingskostüm zu besorgen. An diesem Vormittag entschlossen wir uns spontan, einen Farbfernseher zu kaufen. Was wir auch taten und die Nähseide prompt vergaßen.

Zum 60. Geburtstag

Aufgeschlossenheit der Jubilarin

Erinnerst du dich, dass deine Kolleginnen dich für komplett verrückt hielten, als du dich vor zehn Jahren zu einem Computerkursus angemeldet hast. Damals sind nicht nur freundliche Worte gefallen über die „Alte, die es noch mal wissen will". In den Fotos aus diesem Jahr sieht man eine kleine Stirnfalte, in die ich mich sofort verlieben würde, wenn ich nicht schon so verliebt in dich wäre. Ich habe dich damals bewundert und dir – so gut es ging – den Rücken gestärkt. Deine Begeisterung für Bits und Bytes färbte auf mich ab, und heute wüsste ich gar nicht mehr, wie wir unsere Bücher, unsere Schallplatten, die Münzsammlung, das Fotoarchiv und alles andere vernünftig archivieren und verwalten sollten – ohne Computer.

In anderen Dingen bist du hart geblieben. Du erinnerst dich an den Verkäufer im Telefonladen, der uns unbedingt ein Mobiltelefon andrehen wollte, dass er in diesem putzigen Pseudoenglisch dauernd Handy nannte, obwohl es das Wort im Englischen gar nicht gibt. „Sie, in Ihrem Alter, müssen doch ständig…" Da merkte der Mann, was er gerade sagen wollte und kriegte einen roten Kopf. Und wir prusteten los.

Nein, liebe Freunde, liebe Gäste, da bin ich mir mit Sieglinde einig: Wenn man sechzig ist, sollte man sich durchaus den Luxus leisten, für andere unerreichbar zu sein. Ich bin sogar sicher, in ein paar Jahren wird alles ganz anders sein. Ob es jemand „zu etwas gebracht" hat, wird man daran messen, ob er oder sie es sich leisten kann, das Telefon abzustellen.

Die Bedeutung von Augenblicken

Liebe Sieglinde, ich habe mich an einige wenige Augenblicke erinnert, die wichtig für uns waren. Sie könnten in keinem Lebenslauf und in keiner Bewerbung stehen und sie würden in keinem Zeugnis jemals vorkommen. Für uns aber waren sie bedeutsam, viel bedeutsamer als Gehaltserhöhungen und Beförderungen. An diesem Tag möchte ich dir sagen: Ich freue mich auf viele weitere dieser Augenblicke, die ich noch mit dir genießen will.

Als Nächstes möchte ich dich endlich einmal vor dem Weihnachtsbaum fotografieren. Denn es ist mir in all den

Jahren noch nie gelungen, dein einmalig ironisches Jetzt-denken-die-wieder-sie-müssten-uns-eine-Freude-machen-Gesicht auf den Film zu bannen. Da mir dieser einer deiner liebsten Augenblicke ist, möchte ich ihn meiner Sammlung gerne einverleiben.

Und jetzt erteile ich mir selbst die Erlaubnis, das Geburtstagskind zu küssen …

Ein Freund aus dem Angelverein gratuliert

Typus:	*Ansprache*
Ort:	*Gesellschaftsraum*
Anlass:	*Feier mit dem Verein*
Publikum:	*Freunde, Vereinskameraden*
Dauer:	*ca. 2 bis 3 Minuten*
Stil:	*heiter*

Lieber Horst,

wir zwei kennen uns seit etlichen Jahren und haben so manchen Fisch an Land gezogen. Mal war der Fisch kleiner, mal war er größer, doch eines war immer gleich groß: der Durst hinterher. Wir zwei allein oder in geselliger Runde haben so manchen Krug geleert und dabei immer viel Spaß gehabt.

Über die Jahre wuchs zwischen uns eine feste Freundschaft, die sich bisher in jeder Lebenslage bewährt hat. Aus diesem Grund haben mich die anderen aus dem Verein gebeten, dir anlässlich deines 60. Geburtstages eine Rede zu halten und unser gemeinsames Präsent zu überreichen.

Der beste Freund im Verein hält die Festrede

Nun bin ich, wie du weißt, kein großer Redner, und ehe ihr mich strafend anblinkert, will ich das eine oder andere Thema nur kurz anstippen.

Zum 60. Geburtstag

Würdigung des Engagements im Verein

Wir alle freuen uns, dir zu diesem Anlass einmal Dank sagen zu können. Seit Jahren engagierst du dich für unseren Verein und in der Verbandsarbeit. Fast hätte ich gesagt: bei allen anstehenden Problemen. Aber Probleme stehen eben bei dir nicht lange an; sie werden gelöst, denn du willst sie schnell vom Tisch haben. Du sorgst für die Nachzucht, kümmerst dich um unsere Jugendarbeit, bist dabei, wenn es um die Organisation von Wettkämpfen geht. Auch wenn einer von uns mal ein privates Problem hat, hast du für alle und alles ein offenes Ohr.

Wir hatten auch viel Spaß, wenn du richtig gut drauf warst. Ich erinnere nur daran, wie du uns alle zum Schlossteich bestellt hast. Mit einem sehr amtlich aussehenden Schreiben, in dem stand, dass in besagtem Schlossteich ein Riesenwels gefangen werden sollte. Wir hatten nur übersehen, dass dein „amtliches Schreiben" der Verwaltung der Schlösser und Gärten das Datum vom 1. April trug.

Die Fachsprache bestimmt das Vokabular

Wir haben ja schon manchen großen Fang zur Wiegestelle gebracht, aber unseren größten Fang haben wir mit dir gemacht, lieber Horst. Wir hoffen natürlich, dass wir auch in den zehn Jahren bis zum nächsten runden Geburtstag fest auf dich zählen können. Dir wünschen wir, dass du noch manchen dicken Fisch an den Haken bekommst.

Petri Heil, Glück und Gesundheit für dich lieber Horst, und natürlich für deine Familie. Hoffentlich hast du ein wenig Freude an unserem Geschenk. Ich erhebe mein Glas auf dich, auf die Fische und den Angelverein Kaltbach! Prost!

Enkelkind (7 bis 9 Jahre) spricht zum Geburtstag der Großmutter

Typus:	Ansprache
Ortr:	Wohnung
Publikum:	erweiterter Familienkreis
Dauer:	ca. 1 Minute
Stil:	kindgemäß, heiter

Liebe Oma,

du wirst heute 60 Jahre alt. Mama hat gesagt, dass du dich freust, wenn ich dir was Nettes sage.

Also ich finde, so richtig alt bist du noch gar nicht. Man kann noch echt gut mit dir spielen. Außerdem bastelst du mit mir, wozu Mama und Papa meist keine Zeit haben.

Und du erzählst mir immer so schöne Geschichten. Am liebsten höre ich, was Papa (Mama) alles angestellt hat, als er (sie) so alt war wie ich. Dein Essen schmeckt fast besser als das von Mama; der Kuchen sowieso. Ich knuddel so gern mit dir. Ich hab dich einfach sehr lieb. Bleib schön gesund!

Und jetzt ein Gedicht:

Gedichtvortrag

Was soll ich dir sagen, was soll ich dir geben?
Ich wünsch dir ein langes, glückliches Leben.
Ich habe ein Herz, das denkt und spricht:
Ich habe dich lieb, mehr weiß ich nicht.

Zum 60. Geburtstag

Enkel (14 bis 16 Jahre) spricht zum Geburtstag des Großvaters

Typus:	*Ansprache*
Ort:	*Wohnung*
Publikum:	*erweiterter Familienkreis*
Dauer:	*ca. 1 Minute*
Stil:	*jugendlich, locker*

Lieber Opa,

Kinder sprechen, wie ihnen der Schnabel gewachsen ist

meine Eltern haben mir zwar empfohlen, heute nicht solche Worte in den Mund zu nehmen. Aber ich sag es trotzdem: Du bist ein echt supercooler alter Herr! Du wirst heute zwar schon 60 Jahre alt, bist aber immer noch fit wie ein Turnschuh. Ich fands immer Spitze, wenn wir zwei was zusammen unternommen haben. Mit dir zu wandern, war einfach toll. Du hast mir das Fahrrad fahren beigebracht, und dafür habe ich dich auf meinem Skateboard fahren lassen. – Jetzt erschrickt Oma; die hat nämlich bis heute nichts davon gewusst.

Mit dir konnte ich sogar über Mädchen quatschen. Und mit deiner Hilfe konnte ich meinen lieben Eltern den einen oder anderen verhauenen Test verheimlichen. – Sieh bloß mal, wie Papa jetzt guckt!

Für all das bin ich dir unheimlich dankbar. Bleib so, wie du bist, Opa. Ich hoffe, diese Feier hier geht nachher noch richtig ab. Happy Birthday! Und lass es dir bis zum Siebzigsten so richtig gut gehen!

Danksagung des Jubilars/der Jubilarin (längere Fassung)

Typus:	*Erwiderung*
Ort:	*Wohnung oder Lokal*
Anlass:	*Dank für Glückwünsche und Geschenke*
Publikum:	*Familienangehörige, Freunde, Nachbarn*
Dauer:	*ca. 2 Minuten*
Stil:	*heiter, anekdotisch*

Liebe Freunde, liebe Gäste,

dem Vernehmen nach soll man ja mit 60 etwas mehr Zeit haben. Bisher fiel es mir zwar schwer, dies zu bemerken, aber immerhin hatte ich Gelegenheit, in einem der zahlreichen Goethe-Gedenkbüchlein zu blättern. Dabei fand ich eine Anekdote, die mir gefallen hat.

Napoleon hatte zum Fürstentag nach Erfurt geladen. Im Gefolge seines Herzogs weilte auch Goethe in Erfurt. Napoleon war der Herzog ziemlich schnuppe; er wollte vor allem Goethe kennen lernen und empfing ihn in privater Audienz. Der Kaiser schritt auf Goethe zu, musterte ihn eingehend und fragte: „Wie alt seid Ihr?"

Eine Anekdote, die den Anlass illustriert

„Sechzig Jahre, Sire", antwortete Goethe.
Napoleon darauf: „Ihr habt euch gut erhalten – Ihr habt Trauerspiele geschrieben."

Ihr habt mir heute so viele Komplimente gemacht und mir so nette Wünsche übermittelt, dass ich ein kleines bisschen eitel werden darf. Ich habe zwar keine Trauerspiele geschrieben, aber die Tatsache, dass ich mich „recht gut erhalten" habe, verdanke ich dem Umstand, dass ich immer aktiv – *in action,* wie es auch auf Neudeutsch heißt – geblieben bin.

Goethe hat übrigens ein bisschen geschummelt. Ich hab das nachgeprüft. Er war in Wirklichkeit erst neunundfünfzig.

Zum 60. Geburtstag

Aber mit einer runden Zahl steht man vor einem Kaiser natürlich immer gut da. Außerdem kommt damit die Pointe besser rüber.

Zukunftspläne Eure Hoffnungen, mich zu einem geruhsamen Schlendrian zu veranlassen, lasst fahren. Ich werde mich nicht gelassen zurücklehnen. Ich werde nicht Pfeife rauchend im Schaukelstuhl vor mich hin wackeln. Ich will mich nämlich auch im nächsten Jahrzehnt noch gut halten. Aber keine Angst, Trauerspiele schreibe ich euch deshalb doch nicht.

Danksagung des Jubilars/der Jubilarin (kürzere Fassung)

Typus:	*Erwiderung*
Ort:	*Wohnung oder Lokal*
Anlass:	*Dank für die gelungene Feier.*
Publikum:	*Familienangehörige, Freunde, Nachbarn*
Dauer:	*ca. 1 Minute*
Stil:	*heiter, anekdotisch*

Liebe Gäste, liebe Kinder, liebe Freunde,

Dank mit einfachen Worten das war ja wirklich rührend, was ihr für mich veranstaltet habt. Und ich danke euch dafür von ganzem Herzen.

Inzwischen bin ich nun auch in dem Alter, von dem Alain Delon sagte: „Allmählich sind die Kerzen teurer als die Torte." Aber eure Torte hat mir ganz vorzüglich geschmeckt, und nicht nur die Kerzen haben dem heutigen Tag manches Glanzlicht aufgesteckt.

Ihr werdet es mir nachsehen, dass ich vorhin beim Ausblasen der 60 Kerzen so jämmerlich versagt habe. Ich verspreche euch, dass ich daran arbeiten werde. Zu meinem Siebzigsten werde ich besser in Form sein. Zieht euch warm an!

Ein Schachklub gratuliert dem Mitglied

Typus:	*Vortrag*
Ort:	*Vereinslokal*
Anlass:	*Feier im Klub*
Publikum:	*Mitglieder des Schachklubs*
Dauer:	*ca. 2 Minuten*
Stil:	*heiter, launig*

Man gibt der Sechzig heut ein Fest,
Obwohl noch offen ist ein Rest.
Denn schließlich mutets seltsam an,
dass man hier so was feiern kann.
Beim Schach sinds immer vierundsechzig;
und fehlen vier, weiß man, es rächt sich.
Doch lud man uns zum Feiern ein –
wenn ihr 's so wollt, dann soll's so sein.

Der Jubilar führt sein Florett
für unsern Klub am ersten Brett.
Am Brett macht er die tollsten Dinger
im Königsgambit mit dem Springer,
vom Englischen versteht er viel,
ist Meister im Dreispringerspiel,
wird dreister, kommt man ihm geschlossen,
treibt mit dem Gegner seine Possen.
An Spanisch ist ihm gar nichts spanisch,
Zu Grünfeld-Indisch, Katalanisch,
setzt er, wie andre sich zum Essen,
ans Schachbrett sich zum Kräftemessen.

Zum 60. Geburtstag

In Sonntagslaune spielt er Réti,
(doch nicht mit Krethi und mit Plethi).
Baut er auf Sizilianisch Drachen,
dann hat der Gegner nichts zu lachen.
Sein Springer steht auch mal am Rande
und bringt ihm Kummer nicht noch Schande.
Ein Fall, den er besonders liebt:
wenn man ihm off'ne Linien gibt
Mit Kampfgeist (und gewitzt wie zweie)
erobert er die letzte Reihe.

Auch schlug er jüngst, als Lehrmaßnahme,
mit Turm und Läufer eine Dame.
Dass keiner uns hier missversteht
und klagend vors Gericht dann zieht:
Er schlug die Dame auf dem Brett!
Ansonsten ist er immer nett
zu Mädchen, Frauen und zu Damen,
die zu uns in den Schachklub kamen.

Uns lobt er für das beste Spiel:
„Passabler Zug! Kaffeehaus-Stil!"
So wie er uns lobt, preisen wir
ihn heute und bekennen hier:
Wie 's immer kommt, ab heute heißt er
für uns im Klub „Der alte Meister".

Dieser Vortrag kann von einem einzelnen Redner, aber auch von mehreren dargeboten werden, um den kollektiven Charakter der Gratulation zu unterstreichen. Die Einschnitte im Text sind Vorschläge zur Textgliederung. Tragen mehrere vor, braucht jeder einzelne Gratulant weniger Text zu lernen. Allerdings sollte der „Regisseur" den gesamten Text bei sich haben, um eventuellen Gedächtnislücken (und damit dem Stocken des Vortrags) vorzubeugen.

Zum 70. Geburtstag

Die Tochter spricht zum Geburtstag ihrer Mutter

Typus:	*Ansprache*
Ort:	*Wohnung*
Anlass:	*Eröffnung der Kaffeetafel*
Publikum:	*Familie, enge Freunde*
Dauer:	*ca. 4 Minuten*
Stil:	*heiter, besinnlich*

Liebe Mama,

wir freuen uns, dass wir hier alle zusammenkommen konnten, um dir zu deinem heutigen Ehrentag zu gratulieren und mit dir zu feiern.

Es ist eigentlich so wie immer. Du hast deine berühmte Torte gebacken und den Tisch schön hergerichtet. Es duftet nach Kaffee und Kerzen. Eigentlich wollten wir dich ja mit einem großen Festessen in einem noblen Restaurant überraschen. Aber du hast darauf bestanden, alles so zu machen wie immer. Das sei dir die größte Freude. Und weil wir dich lieben, haben wir deinen Wunsch natürlich respektiert. Es ist schön, dass du noch so munter und fidel bist, so ein Fest ausrichten zu können.

Wenn wir dich an einem solchen Tag schon nicht so verwöhnen dürfen, wie wir das eigentlich wollten, hast du uns damit wenigstens auf eine Geschenkidee gebracht. – Jetzt hoffe ich an deinem Gesicht zu erkennen, dass du ahnungslos bist. – *(zu den Gästen gewandt)* Habt ihr auch alle dichtgehalten? – Man kennt das ja. Fragt man dich: „Mama, was

Die Gäste haben sich verschworen, um die Jubilarin zu überraschen

Zum 70. Geburtstag

wünscht du dir denn?", bekommt man prompt die Antwort. „Gar nichts, ich hab ja schon alles." Also haben wir uns etwas ausgedacht, was du nicht hast und gar nicht haben kannst, weil es nichts zum Haben ist. – Ich sehe die Anzeichen von Ratlosigkeit in deinem Gesicht wachsen. Das gefällt mir. Nein, ich verrate es noch nicht. – Mit dieser Gabe wollen wir alle dir **Dank für die** danken. Danke, Mama, für all die Jahre, die du für uns gesorgt **Lebensleistung** hast.

Nach dem frühen Tod von Papa hattest du es wirklich schwer, uns durchzubringen. Und doch hast du uns niemals Leid und Kummer spüren lassen. Mit all deiner Liebe warst du uns Mutter und Vater zugleich. Wir sind dir alle unendlich dankbar für die schöne Kindheit, die du uns allen bereitet hast. Wir sind alle anständige Menschen geworden und haben es – wie man so sagt – zu etwas gebracht. Auf jeden Fall haben wir uns immer Mühe gegeben, dir keine Schande zu machen. Denn das haben wir von dir gelernt: dass einem im Leben nicht alles zufliegt, dass das aber auch gar nicht schlimm ist, weil man sich dann halt ein bisschen Mühe geben muss. Diesen Wegweiser durchs Leben verdanken wir deiner Liebe, deiner Güte, deinem Verständnis und deiner unendlichen Geduld. Du bist uns noch heute eine gute Mutter. Und unseren Kinder wiederum preisen dich als Großmutter in den höchsten Tönen. Auch sie haben alle dichtgehalten, obwohl sie eingeweiht waren.

Geschenk- Und dies ist unser Geschenk: Jetzt wunderst du dich, weil **übergabe** es nur ein schmaler Umschlag ist. Es ist ein Verwöhn-Scheck. Er umfasst sechs Termine im Studio Sonnenleithner. Zu jedem einzelnen Termin gehören Friseur, Massage, Kosmetik, Maniküre und Pediküre. Für ein Jahr im Voraus bezahlt, nur Tag und Stunde musst du noch selbst vereinbaren. Also lass dich mal so richtig von Kopf bis Fuß verwöhnen. Das wünschen dir deine Kinder und Schwiegerkinder und Enkel und was sonst noch zur Familie gehört.

Und nun kommt der Satz, den du schon kennst, der aber immer an der Stelle kommt: Mama, bleib doch sitzen …

Der Sohn spricht zum Geburtstag seines Vaters

Typus:	*Rede*
Ort:	*Wohnung, Lokal*
Anlass:	*Eröffnung der Kaffeetafel*
Publikum:	*Familie, enge Freunde*
Dauer:	*ca. 7 Minuten*
Stil:	*nachdenklich, bilanzierend*

Lieber Vati,

vor 70 Jahren wurdest du geboren. Vor 170 Jahren hätte ich so gar nicht mit dir reden dürfen. Franz Schubert zum Beispiel, der Komponist, den du besonders magst, sprach seinen Vati nie anders als mit „Sie" an und nannte ihn „Herr Vater". Glücklicherweise ändern sich die Zeiten. Und sie verändern sich, bei allem, was wir stets zu kritisieren haben, am Ende doch zum Besseren. Ich weiß, dass viele meinen, früher wäre alles besser gewesen. Du gehörst glücklicherweise nicht zu den Menschen, denen die Vergangenheit nur in verklärtem Licht erscheint. „Die würden sich wundern", sagst du bei solchen Gelegenheiten immer, „wenn die plötzlich wieder ohne Fernseher auskommen müssten."

Hinweis auf den Wandel der Zeit

Nicht nur das! Ich habe mich mal erkundigt, wie es in deinem Geburtsjahr 1929 zugegangen ist.

Goethe hat einmal zu Eckermann gesagt: „Ich hatte den großen Vorteil, dass ich zu einer Zeit geboren wurde, wo die größten Weltbegebenheiten an die Tagesordnung kamen und sich durch mein langes Leben fortsetzten."

Ich weiß zwar nicht, ob du es immer als einen Vorteil empfunden hast, in diese Zeit hineingeboren zu werden, aber an großen Weltbegebenheiten hat es seinerzeit nun wirklich nicht gefehlt.

Zum 70. Geburtstag

Rückblick auf den Alltag in einer anderen Epoche

Als du geboren wurdest, war das Licht der Welt, das du erblicktest, jedenfalls noch kein elektrisches Licht. In eurem Stadtviertel gab es Strom aus der Dose erst seit Herbst 1934. Und das war nicht irgendwo in einem hinterpommerschen Provinzstädtchen, sondern in der Reichshauptstadt Berlin. Bis dahin kam der Gasmann, löste die Plombe an der Gasuhr und zog den Behälter mit den Groschen heraus, die man einwerfen musste, wenn Gas strömen und für Licht und Herdflamme sorgen sollte. Aber während bei euch der Fortschritt einzog, gab es – gar nicht weit von euch – noch Wohnhäuser, deren Toiletten unten auf dem Hof waren. Und am Schlesischen Bahnhof gab es noch immer Küchen ohne Wasserhahn; der einzige Wasseranschluss war ein Gemeinschaftshahn und ein Ausguss auf dem Treppenabsatz.

So viel zur guten alten Zeit. Und nun zu den großen Weltbegebenheiten deines Geburtsjahres.

Historie des Geburtsjahres

In Berlin schießt die Polizei in eine verbotene Maikundgebung. Der Young-Plan soll, zehn Jahre nach dem Versailler Friedensvertrag, Deutschlands Reparationsleistungen endgültig regeln. Mit dem Schwarzen Freitag an der Wall Street beginnt die Weltwirtschaftskrise; auf deren Höhepunkt werden in Deutschland 6 Millionen Menschen arbeitslos sein.

Weniger beachtet, aber vielleicht viel wichtiger als die große Politik in diesem Jahr: Albert Einstein entwickelt die allgemeine Feldtheorie. Werner Forssmann baut den ersten Herzkatheter. Werner Heisenberg erklärt den Magnetismus des Eisens mit der Quantentheorie.

Von der ersten drahtlosen Fernsehübertragung der Deutschen Reichspost hattest du natürlich nichts; es war noch ein Experiment. Aber auch den neuen Kurzwellensender in Königs-Wusterhausen konntet ihr nicht hören: Wo kein Strom floss, spielte auch kein Radio. Der Turbinenschnelldampfer Bremen fuhr mit seinen 54 000 Tonnen Wasserverdrängung weit an Spree und Havel vorbei, und auch das legendäre Flugboot Do X mit seinen zwölf Propellermotoren und das Luftschiff LZ 127, mit dem Kapitän Hugo Eckener zu einer

Zum 70. Geburtstag

Weltumrundung startete, waren für euch keine geeigneten Fortbewegungsalternativen zur Elektrischen und zur U-Bahn-Linie E, die in deinem Geburtsjahr gerade vom Alexanderplatz nach Friedrichsfelde gebaut wurde. Von den 82 000 Kraftfahrzeugen, die Anfang 1929 in Berlin zugelassen waren, entfiel auf eure Familie keins, und so wart ihr auch in keinen der 30 000 Verkehrsunfälle verwickelt, die damals in Berlin registriert wurden.

René Magritte malte in diesem Jahr *Die Riesin,* und Picasso die *Sitzende Frau am Meer.* Alfred Döblin schrieb *Berlin Alexanderplatz* und Ernest Hemingway *In einem anderen Land.* Arnold Fanck drehte *Die weiße Hölle vom Piz Palü* mit Leni Riefenstahl im Schnee und Ernst Udet im Flugzeug, Piel Jutzi *Mutter Krauses Fahrt ins Glück.* Paul Hindemith schreibt die Oper *Neues vom Tage,* Franz Lehár die Operette *Land des Lächelns* und George Gershwin das Musical *Show Girl.* **Kunst und Kultur**

Dass die seinerzeit berühmte Sopranistin Lilli Lehmann in deiner Geburtsstadt Berlin und Hugo von Hofmannsthal in Wien starben, dürfte dich in deinen Windeln ebenso wenig berührt haben wie die Tatsache, dass Herbert von Karajan in Ulm sein Debüt als Operndirigent gab.

Aber vielleicht interessiert es dich zu erfahren, welche Prominenten das Geburtsjahr mit dir teilen.

Der italienische Filmkomponist Sergio Leone, der amerikanische Bürgerrechtler Martin Luther King, die britische Schauspielerin Jean Simmons, Film-Winnetou Pierre Brice, der Soziologe Ralf Dahrendorf, der „King of Sex and Soul" James Brown, Hassan II. von Marokko, Liselotte Pulver und der Schriftsteller Hans Magnus Enzensberger sind alle Jahrgang 1929. Sie alle haben mit ihren Augen irgendwie das Gleiche wahrgenommen wie du: mit 10 Jahren den Ausbruch des Krieges, mit 16 das Kriegsende. Als du 19 warst und studieren wolltest, brachte die Berlin-Blockade deine Geburtsstadt wieder in die Schlagzeilen. Als die Stadt das nächste Mal in die Schlagzeilen kam, anlässlich des Mauerbaus 1961, warst **Prominente desselben Jahrgangs**

Zum 70. Geburtstag

du 32 und kein Berliner mehr. An deinem 60. Geburtstag hat keiner geahnt, dass du schon kurze Zeit später wieder die Wege der Kindheit gehen würdest, ohne dass eine Grenze sie in östliche und westliche zerschnitt.

Brückenschlag zur Gegenwart Heute, im Jahr deines 70. Geburtstages, beginnt unser Abschied von der Mark und die Einführung der Eurowährung. Wahrlich, die Zeit mutet ihren Genossen einiges zu. Du warst Zeitgenosse großer Ereignisse, herausragender Leistungen und schwerster Erschütterungen. Du könntest mit Goethe sagen: „Hierdurch bin ich zu ganz anderen Resultaten und Einsichten gekommen, als allen denen möglich sein wird, die jetzt geboren werden und die sich jene großen Begebenheiten durch Bücher aneignen müssen, die sie nicht verstehen."

Auf einige große Begebenheiten, die sich in deinem Leben ereigneten, werden deine Enkel sicher verzichten wollen. Dennoch werden sie nicht darauf angewiesen sein, die Geschichte allein aus Büchern und Filmen zu lernen, die sie nicht verstehen. Denn sie haben einen Großvater, der dabei war – und der kann es ihnen erzählen.

Diese Rede dient als Beispiel für die Anreicherung mit historischen Fakten und Daten. Oft kommt einem das Leben des Jubilars nicht ereignisreich genug vor. Stellt man es aber in den Zusammenhang des politischen, wirtschaftlichen und kulturellen Weltgeschehens, steigt auch die Bedeutung der individuellen Biografie. Die Menge und die Auswahl der Daten obliegt ganz dem Redner. In jeder größeren Bibliothek sind Chroniken und Überblicksdarstellungen zu finden, die das Material bereitstellen. Natürlich erfordert die Recherche unter Umständen etwas Vorbereitungszeit.

Zum 70. Geburtstag

Die Geburtstagsgäste singen dem Jubilar das Berliner Bolle-Lied

Typus:	*Vortrag*
Ort:	*Wohnung, Lokal*
Anlass:	*Einlage zu vorgerückter Stunde*
Publikum:	*Familie, enge Freunde*
Dauer:	*ca. 2 bis 3 Minuten*
Stil:	*heiter*

Bolle war als kleiner Knabe
schon ziemlich aufgeweckt.
So erzählt man sich, er habe
die Eltern oft geneckt.
Zu Senge, Kloppe, Prügel
hat das dann oft geführt.
Aber dennoch hat sich Bolle
janz köstlich amüsiert.

Zum 70. Geburtstag

Auf der Uni hatte Bolle
bei Mädels mächtig Schmiss
und war richtig von der Rolle,
wenn eine ihn verließ.
Für ein paar Tage hat es
zu Tränen ihn gerührt.
Aber dennoch hat sich Bolle
janz köstlich amüsiert.

Bolle wollte in der Jugend
gern in die weite Welt.
Reisen galt zwar schon als Tugend,
doch fehlte oft das Geld.
Das ohne Mäuse Reisen
hat ihm nicht konveniert.
Aber dennoch hat sich Bolle
janz köstlich amüsiert.

Bolle hatte mal ein Mädchen,
das sein geworden war,
das hielt ihn fest am Fädchen
und zog ihn zum Altar.
Ein bisschen fühlte er sich
als unschuldig verführt.
Aber dennoch hat sich Bolle
janz köstlich amüsiert.

Bolle wollte immer weiter
zu Haus und im Beruf,
sodass zur Karriereleiter
er selbst die Sprossen schuf.
Dass Sprossen auch mal brechen,
hat ihn zwar irritiert.
Aber dennoch hat sich Bolle
janz köstlich amüsiert.

Zum 70. Geburtstag

Bolle hatte einstmals Locken,
die reich sein Haupt verziert,
davon gibts jetzt nur noch Flocken;
der Rest wirkt sehr poliert,
weil man in siebzig Jahren
so manches Haar verliert.
Aber trotzdem hat sich Bolle
janz köstlich amüsiert.

Bolle reiste jüngst zu Pfingsten ist ein altes Berliner Lied auf eine einfache, volkstümliche Melodie – eine Polka – mit einem heiteren Refrain, in den alle gern einstimmen.

„Bolle" ist in diesem Lied immer nur Platzhalter für einen zweisilbigen Vornamen, deren es im Deutschen sehr viele gibt. Auch die meisten längeren Namen (Joachim, Sebastian) können auf zweisilbige Kurzformen verkürzt werden.

Je mehr der „Vorsänger" vom Jubilar weiß, desto leichter wird es ihm fallen, eigene Strophen aus dem Material zu dichten, welches das Leben zur Verfügung stellt.

Zum 75. Geburtstag

Ein ehemaliger Schüler gratuliert dem emeritierten Professor

Typus:	Rede
Ort:	Wohnung
Anlass:	Eröffnung der Tafel
Publikum:	ehemalige Studenten und Assistenten
Dauer:	ca. 4 bis 5 Minuten
Stil:	humorvoll, nachdenklich

Lieber, verehrter Herr Professor,

Anknüpfen an die „alte Zeit" es ist schön, wieder Stallgeruch zu schnuppern und nach fünf Jahren wieder in Ihrem Hause weilen zu können. Schön ist es, nach Jahren wieder die Weg- und Denkgefährten von einst zu treffen, mit denen man so viel über den Sinn nachgedacht und so viel Unsinn gemacht hat. Am schönsten ist es aber, Sie, verehrter Herr Professor, wiederzusehen. Ich weiß, Sie haben uns damals, als wir „hinaus in die Welt" gingen, das „Du" angeboten, aber um der Stimmung des gegenwärtigen Augenblicks willen muss ich, wenigstens für die erste Stunde, darauf verzichten.

Rückblick auf die gemeinsamen Universitätsjahre Vieles aus den Jahren an der Universität werden wir nie vergessen. Unvergesslich ist uns nicht nur manche brillante Vorlesung, zum Beispiel jene zwei Stunden, die Sie Schillers Prolog zum Wallenstein und der Frage widmeten: Wie heiter ist die Kunst? Unvergesslich sind auch die Abende – oder sollte ich besser sagen: Nächte–, die wir in Ihrer (und daher natürlich auch unserer) Lieblingswirtschaft verbrachten, und in der Sie Ihren eigenen Stuhl hatten, der für alle anderen tabu war.

Zum 75. Geburtstag

In jener Wirtschaft hingen wir an Ihren Lippen, um vielleicht noch ein kleines Tröpfchen vom gelehrten Most zu erhaschen. Sie wussten das und hatten Ihren Spaß daran. Gern zitierten Sie dann, mit ironischem Augenzwinkern: „Wie er räuspert und wie er spuckt, / Das habt ihr ihm glücklich abgeguckt." Sie haben es sogar geschafft, uns diese Stelle als Zitat aus Goethes *Faust* unterzujubeln. Natürlich ist es von Schiller, aus *Wallensteins Lager*. Der Jahrgang nach uns hat Ihnen dann sogar ein Belegzitat von Molière angeboten, von dem Schiller den Satz übernommen hat. Später Triumph für uns: Sie nahmen an, Ihre Studenten hätten besonders intensiv zu Schiller und Molière gearbeitet. Dabei hatte nur endlich mal einer in Büchmanns Zitatenschatz geschaut.

Werdegang der Schüler

Jeder von uns hat andere berufliche Wege eingeschlagen, wenige haben die akademische Laufbahn fortgesetzt, mehrere haben den langen Marsch durch die Niederungen der Praxis angetreten, und es ist ungewiss, ob sie jemals wieder in einer Institution ankommen werden. Die Wege waren manchmal – selten – asphaltiert, häufiger in schlechtem Zustand, und mit Verbotsschildern bestückt. Manche waren Holzwege. Aber die Holzwege sind nicht immer die schlechtesten.

Lebensweisheit des Jubilars

Jeder aber wird sich in den vergangenen Jahren irgendwann einmal gefragt haben: Was treibst du hier eigentlich? Hast du dafür studiert? Noch dazu bei Kumpff? Theorie und Praxis, ein altes Thema. Doch wie sagten Sie früher immer: „Schaut einmal zu, wie sich Leute vom Bau Steine zuwerfen. Man muss auf den Kopf zielen, wenn der andere mit den Händen fangen soll." Was wir also von Ihnen noch gelernt haben, außer Kant und Hegel, Schiller und Hölderlin besser zu verstehen, ist, wie man auf den Kopf zielt, wie man auch in der größten Alltagshektik reflektieren, von der eigenen Arbeit gleichsam betrachtend zurücktreten und sich des eigenen Tuns damit wieder bewusst werden kann. Darum haben wir studiert. Nämlich bei Kumpff.

Unvergesslich ist mir nämlich auch jenes Zitat geblieben, das Sie uns seinerzeit bei der „letzten Ölung" vorm Examen mit auf den Weg gaben, um uns vor Schlendrian und Oberflächlichkeit zu warnen und uns davon abzuhalten, intellektuelle Weicheier zu werden. Diesmal ist es tatsächlich von Goethe: „Gemüt wird über Geist gesetzt, Naturell über Kunst, und so ist der Fähige wie der Unfähige gewonnen. Gemüt hat jedermann, Naturell mehrere, der Geist ist selten, die Kunst ist schwer."

Der Redner spricht für alle
Herr Professor, im Namen aller „Ehemaligen" danken wir Ihnen, wünschen Ihnen Gesundheit und Lebendigkeit des Geistes und sicheren Tritt auf allen Wegen.

Ein(e) Verwandte(r) spricht zum Geburtstag einer ehemaligen Geschäftsfrau

Typus:	*Rede*
Ort:	*Lokal*
Anlass:	*Eröffnung der Tafel*
Publikum:	*Familie, enge Freunde, Nachbarn*
Dauer:	*ca. 5 bis 6 Minuten*
Stil:	*humorvoll*

Liebe Traudel,

Das Publikum kennt sich gut
es sind wieder fünf Jahre rum, und wir haben uns alle – fast alle – wieder bei dir zur Gratulationscour eingefunden. Wir feiern ein Dreivierteljahrhundert Traudel. Und mich haben sie vorgeschickt, um den Wünschen aller Worte zu geben.

Einigen ist es schwerer gefallen zu kommen als dir; für dich scheinen ja 75 Jahre noch kein Alter zu sein. Irgendwie warst du ja schon immer voller Wunder.

Der heiligen Gertrud sagte man einstmals nach, der Teufel habe sie in Gestalt einer Maus versucht, vergeblich habe er sie

Zum 75. Geburtstag

zu Ungeduld und Zorn verführen wollen. Stattdessen musste sich die Maus brav neben das Spinnrad hocken und den Faden abbeißen.

Ein ähnliches Mäusewunder ist von dir zwar nicht überliefert, aber dafür erinnert sich jeder an die Bewirtungswunder, die du vollbracht hast. Du kochtest eine Kartoffelsuppe für vier Personen. Kurz vor dem Mittagessen kamen noch ganz überraschend vier weitere Leute zu Besuch. Die Suppe reichte dennoch, und alle wurden satt. Auf ähnliche Weise gelang es dir, wenige Kartoffeln so aufzuteilen, dünnes Fleisch dünner zu schneiden, Gemüse durch Zerkleinern zu vermehren, dass viele davon satt wurden. Wie du das im Einzelnen hingekriegt hast, wirst du uns wohl nie verraten. Aber eine Beobachtung gehört zu diesen Bewirtungswundern unbedingt dazu: Wir haben eigentlich nie richtig mitbekommen, wann du in der Küche warst. Du hast mit uns im Garten gesessen, hast an unseren Gesprächen teilgenommen und keinerlei Anzeichen von Unruhe erkennen lassen. Zwischendurch musst du immer mal heimlich für Minuten am Herd verschwunden sein, um das Wunder zu richten. Weiß die Maus!

Erinnerung an besondere Talente der Jubilarin

Mit der heiligen Gertrud verbindet dich aber noch mehr: Deine Fähigkeit, aus erfahrener Unbill noch Nutzen zu ziehen. Eigentlich wolltest du Innenarchitektur studieren. Die Zeiten dafür waren denkbar ungünstig. Statt Innenarchitektur Spinnstoffsammlung, statt Gestaltung Reichskleiderkarte. Wie immer, wenn die kleinen Leute mit den so genannten großen Zeiten zu tun kriegen, haben sie am Ende den Schlamassel. Bei Kriegsende hatten die meisten gerade mal das Hemd überm Hintern. Wer ausgehen wollte, nahm die Vorhänge von den Fenstern und machte daraus ein Ballkleid.

Die Textilbranche lag am Boden, aber die Stunde null war zugleich die Maus, die fortan neben dir saß und den Faden beim Spinnen abbeißen musste. Initiative und Improvisationsgabe waren gefragt. Es ging zu wie bei deinen Bewirtungswundern. Wenn die Leute Uniformmäntel umarbeiteten, musste sich doch auch aus Zeltbahn etwas machen las-

Werdegang der Geschäftsfrau

sen. Und es ließ sich. Das Textilgeschäft, das du damals eröffnet hast, genoss schon in den Fünfzigerjahren einen legendären Ruf in der Gegend. Es war – verzeih mir die harten Worte – total verkramt. Ich habe als Kind wahnsinnig gern darin gespielt. Man konnte echt verloren gehen. Am schönsten war es, wenn man sich hinter Stoffballen verstecken und verirrte Kunden erschrecken konnte. Man konnte in deinem Geschäft kaum treten. Es gab einen fließenden (oder besser verstopften) Übergang zwischen Verkaufsraum und Lager. Ein Drunter und Drüber von Stoffen, Landschaften von Kissen und Betten, halb eingepackt, halb ausgepackt. Wollknäuel, Fädchen und Knöpfchen, Rollen von Bändern, dabei noch Papierwaren für den Schulbedarf und wenn man mal schnell einen Briefumschlag brauchte und ein Sortiment an Spielwaren, damit die Kleinen nicht quengelten, wenn Mami in der Knopfkiste wühlte. Trotzdem war der Laden immer voll. Und niemand kam je heraus, ohne etwas gekauft zu haben, denn jeder fand etwas. Es war herrlich. Wie eine heiße Liebesaffäre zwischen deutschem Schwarzmarkt und orientalischem Basar – Traudels Verkaufswunder.

Das Leben nach dem Geschäftsleben

Du hast das Geschäft vor über zwölf Jahren verkauft. Wir erinnern uns alle. Der neue Eigentümer räumte erst mal richtig auf, ließ eine neue Ladeneinrichtung kommen, bereinigte das Sortiment; alles war modern, hell, übersichtlich – und keiner ging mehr hin. Ich weiß, dass es dir ein innerer Vorbeimarsch war, aber ein bisschen traurig warst du schon, man hängt schließlich an dem, was man aufgebaut hat, auch wenn es einem nicht mehr gehört.

Wir genossen indes den Vorzug, dass du deinen Unternehmungsgeist der Familie zugewandt hast. Ich weiß nicht, wie teuer uns unser Hausbau zu stehen gekommen wäre, wenn du nicht mittendrin den Bauleiter gefeuert und die Baubetreuung selbst in die Hand genommen hättest. Danach konntest du dich vor Anträgen nicht retten – ich meine jetzt nicht Heiratsanträge – deine Qualitäten als Bauleiterin am familieneigenen Haus hatten sich halt herumgesprochen; aber

Zum 75. Geburtstag

mit 65 noch mal ein Gewerbe anzumelden, das war dir zu viel Bürokratie.

So blieb deine Aktivität am Ende doch auf den Familienkreis beschränkt. Aber was heißt beschränkt? Du siehst ja, dass die Familie im Lauf der Jahre immer größer geworden ist. Und die will schließlich bewirtet sein. Prost!

Erwiderung der Jubilarin

Typus:	*Erwiderung*
Ort:	*Wohnung oder Lokal*
Anlass:	*Eröffnung der Tafel*
Publikum:	*Familie, enge Freunde, Nachbarn*
Dauer:	*ca. 2 Minuten*
Stil:	*humorvoll, forsch*

Ihr Anverwandten, liebe Freunde, liebe Geburtstagsgäste,

ich habe so viel Gutes über eine Person gehört, die meinen Namen trägt, dass ich mich unwillkürlich frage: Kennt diese Dame jemand? Ist sie heute hier anwesend? Soll ich das etwa sein?

Dank für die Komplimente

Und all die Komplimente, die ihr mir gemacht habt. Ich glaube, ich werde in der Küche Bescheid sagen müssen, dass wir noch mehr Sekt und Kaviar brauchen.

Am meisten habe ich mich aber über eure tröstenden Worte gewundert: 75 wäre ja noch kein Alter. Woher wollt ihr denn das wissen? Werde ich heute 75 oder ihr?

Kennt ihr die Geschichte, die man sich von der alten Ninon de Lençois erzählt? Sie war eine der berühmtesten Kurtisanen Frankreichs. Schön und gebildet. Die Zierde der vornehmsten Adligen. Auch in höherem Alter soll sie immer noch sehr attraktiv gewesen sein. Auf einer Gesellschaft war der neu er-

Eine Anekdote, die den Anlass illustriert

Zum 75. Geburtstag

nannte britische Botschafter so von ihr begeistert, dass er ihr zahlreiche Artigkeiten und wohl auch Unartigkeiten zuraunte. Ninon wies ihn zurecht: „Mylord, lassen Sie das, in meinem Alter ist das vorbei, ich bin schließlich 75." Der Botschafter erwiderte galant: „Madame, das ist doch kein Alter!" Ninon musterte den Diplomaten und erwiderte: „Für eine Kathedrale sicher nicht, Mylord – aber ganz bestimmt für eine Frau!"

Eröffnung der Tafel So, meine Lieben. Ich bin zwar weder eine gotische Kathedrale noch eine Rokoko-Kokotte, sondern die euch allen bekannte Edeltraud Schivelbusch. Aber mein Alter lasse ich mir trotzdem nicht ausreden. Und auf keins meiner Jahre möchte ich verzichten. Es waren – nicht zuletzt dank eurer Gegenwart – überwiegend schöne Jahre. Für eure Nähe und Zuwendung gebührt euch mein Dank und dieses Essen. Wenn jetzt mal jemand dem Oberkellner einen Wink geben würde …

Zum 80. Geburtstag

Eine alte Freundin der Jubilarin spricht

Typus:	*Rede*
Ort:	*Wohnung oder Lokal*
Anlass:	*Eröffnung der Kaffeetafel*
Publikum:	*Familie, enge Freunde, Nachbarn*
Dauer:	*ca. 5 bis 6 Minuten*
Stil:	*besinnlich*

Liebe Elisabeth,

ich musste mir das meiste von dem, was ich dir jetzt sagen will, aufschreiben. Denn wir sind beide mittlerweile in einem Alter, wo die kleinen grauen Zellen nicht mehr ganz so perfekt funktionieren. Außerdem kann ein so langes Leben schon ein paar Worte mehr vertragen, als man gemeinhin aus dem Ärmel schüttelt.

Rede einer Altersgenossin

Als wir vor zehn Jahren an gleicher Stelle zusammentrafen, habe ich insgeheim gehofft, dass die zehn Jahre, auf die ich damals vorausschaute, nicht gar so schnell vergehen würden. Was soll ich sagen: Sie sind noch viel schneller vergangen, als ich befürchtet hatte. Viele haben das vor uns schon beschrieben. Je älter man wird, desto mehr hat man das Gefühl, dass die Jahre immer schneller vergehen, wie im Flug sozusagen.

Überhaupt die Jahre. Wir kennen uns seit 1952. Ich sehe uns noch gemeinsam in Erfurt über den Anger gehen und in die kleinen Lädchen auf der Krämerbrücke schauen. Ich wollte nicht akzeptieren, dass der Fluss, der darunter floss, die

Rückblick auf gemeinsam Erlebtes

Zum 80. Geburtstag

Gemeinsamkeiten und Unterschiede

Gera war. Die Gera müsste durch die Stadt Gera fließen, ein Fluss, der durch Erfurt fließt, müsste doch wohl gefälligst Erfe heißen.

Wir waren – glaube ich – damals ziemlich albern. Du warst, nach den ersten Abenteuern deines Lebens, wieder in die alte Heimat zurückgekehrt. Ich hatte meine alte Heimat Schlesien verloren und war auf der Suche nach einer neuen. Ich schloss mich an dich an. Und damals begann eine Freundschaft, die bis heute ohne Trübung geblieben ist.

Manchmal gingen unsere Wege weit auseinander. Unsere Berufe, die uns an einem Punkt unseres Lebensweges zusammengeführt hatten, brachten uns auch wieder auseinander. Aber nur räumlich. Innerlich blieben wir uns immer sehr nahe. Und die äußere Distanz half uns, dass wir uns in all den Jahren nie auf die Nerven gegangen sind.

Wie ich heute weiß, haben wir manchmal einander beneidet. Wir haben es nur, weder einander noch uns selbst, eingestanden. Ich beneidete dich um deine Selbstständigkeit. Und du hättest gern eine Familie gehabt und dafür auch ein Stück deiner Selbstständigkeit aufgegeben. Du warst es nämlich, die als geschickte Diplomatin selbst meine schlimmsten Beziehungskrisen wieder eingerenkt hast. Und damit hast du meine Familie vielleicht gerettet. Ich, die ich meine Eltern und meine Heimat früh verloren hatte, habe dich darum beneidet, dass du deine Heimat, dein Elternhaus noch so lange behalten durftest. Du hast mich später darum beneidet, dass es mir erspart geblieben ist, meine Eltern so lange durch Krankheit bis zu einem schweren Tod zu pflegen.

Dabei stand es auch um deine Gesundheit nicht immer zum Besten. Aber es ist ja altbekannt: Die kränklichen Kinder sind die zähesten – und leben furchtbar lange.

Leben in zwei deutschen Staaten

Du wurdest drei Jahre eher sechzig als ich. Erinnerst du dich noch an den alten Witz: „Was ist der längste Fluss Deutschlands? Die Elbe, auf der braucht man von Dresden bis Hamburg 60 Jahre." Sechzig zu werden, bedeutete in der DDR das Privileg der Freiheit. In den Westen zu reisen. Überzusie-

Zum 80. Geburtstag

deln, wenn man wollte. Dein Vetter lebte im Braunschweigischen, seine Kinder und Kindeskinder in Schleswig-Holstein. Dorthin, an die Ostseeküste, zog es dich. Drei Jahre später erklärte ich dich bei den DDR-Behörden kurzerhand zu meiner Kusine und konnte dich fortan wieder regelmäßig besuchen. Als wir vor zehn Jahren deinen Siebzigsten feierten, war die Mauer gerade gefallen, und die Verwandten und Freunde aus Ost und West schauten sich teils erleichtert, teils verwundert in die Augen, als wollten sie es immer noch nicht glauben, dass solche Treffen von nun an normal sein würden.

Dein Umzug damals machte deutlich, dass Familie für dich eben doch viel mehr bedeutet hat, als wir angenommen haben. Dieser Umzug war für dich nicht nur eine Rückkehr in den Schoß der Familie, sondern auch die Übernahme einer neuen Aufgabe: für diese Familie da zu sein. Die Nachkommen deines Vetters, für die du immer eine „echte" Großmutter warst, auch wenn sie dich Tante Elisabeth oder „die Elisabeth" nannten, haben dir diese Aufgabe ebenso interessant wie leicht gemacht.

Familienbindung der Jubilarin

Für mich war es immer ein Höhepunkt im Jahr, dich hier an der Küste zu besuchen. Wir lieben beide diese wildromantische Landschaft, die uns auch immer an den Darß erinnert, wo wir – wieder ein Zeichen innerer Verbundenheit – jeder für sich, aber immer am gleichen Ort Urlaub machten und wo wir uns oft trafen. Und heute ist es schon so, dass mein Sohn mit seiner Frau kalauert: „Wenn einer von uns beiden stirbt, ziehe ich auch nach Schleswig."

Am Ende wird nun der Rest unseres Lebensfadens immer kürzer. Aber das Schöne ist, dass niemand weiß, wie viel Schnur jedem Einzelnen noch bleibt, bis sie abgeschnitten wird. Niemand wird uns also daran hindern, noch mal richtig in die Vollen zu gehen, so lange es die Kräfte uns erlauben. Stimmt's Elisabeth – so haben wir es in all den Jahren gehalten: Den Spaß, den wir heute haben, kann uns morgen keiner mehr wegnehmen.

Ausblick auf den Lebensabend

Liebe Elisabeth, sei in unser aller Namen umarmt!

Zum 80. Geburtstag

Danksagung der Jubilarin

Typus:	*Erwiderung*
Ort:	*Wohnung oder Lokal*
Anlass:	*Eröffnung der Kaffeetafel*
Publikum:	*Familie, enge Freunde, Nachbarn*
Dauer:	*ca. 2 Minuten*
Stil:	*besinnlich*

Liebe Gerda, liebe Freunde
und alle, die ihr heute gekommen seid,

Reflexion über das hohe Alter

diese 80 ist schon eine Zahl, die einen erschreckt. Manchmal, wenn ich wieder das „kränkliche Kind" bin, von dem Gerda gesprochen hat, finde ich 80 ja ganz in Ordnung. Aber wenn ich mich gut fühle, denke ich immer: Das kann doch nicht wahr sein!

Siebenundsiebzig, achtundsiebzig – das ist ja alles schon schlimm genug, aber das mag gerade noch angehen. Mit achtzig ist man nun aber endgültig über die durchschnittliche Lebenserwartung hinaus, und man hat manchmal das Gefühl, als müsste man sich irgendwie rechtfertigen, oder zumindest erklären, warum es einem immer noch so gut geht und man immer noch Freude am Leben hat.

Erinnerung an verstorbene Weggefährten

Wo es doch vielen schlecht erging. Und manchen, die den Siebzigsten mit mir gefeiert haben, so schlecht, dass sie heute nicht mehr unter uns sind. Das ist, liebe Gerda, auch eine Begleiterscheinung langen Lebens: dass der Kreis um einen immer kleiner wird. Lasst uns in dieser Stunde auch an alle denken, die gestorben sind. Aber lasst es uns so fröhlichen Herzens tun, wie sie selber das Leben immer genommen haben.

So fröhlichen Herzens will ich auch die kommenden Jahre angehen. Wenn es auch – der Statistik zufolge – sehr unwahrscheinlich ist, dass es noch einmal zehn werden: Das

Zum 80. Geburtstag

nächste Frühjahr ist jedenfalls schon fest verplant – für die Grönland-Kreuzfahrt, die ich mir schon so lange vorgenommen habe.

Alles Weitere wird sich finden. So. Nun sollt ihr nicht länger hungern und dursten. Was hier vor euch steht, ist mein Dank an euch, dass ihr alle gekommen seid.

Eröffnung der Tafel

Der Sohn (die Tochter) gratuliert dem Vater

Typus:	*Ansprache*
Ort:	*Wohnung oder Lokal*
Anlass:	*Eröffnung der Geburtstagsfeier*
Publikum:	*Familie, enge Freunde, Nachbarn*
Dauer:	*ca. 3 bis 4 Minuten*
Stil:	*besinnlich*

Lieber Vater,

nur wenigen Kindern ist es vergönnt, ihrem Vater zum 80. Geburtstag gratulieren zu können. Wir alle freuen uns, an diesem Tag unbeschwert und fröhlich mit dir feiern zu dürfen.

Du blickst auf einen langen Weg zurück. Er führte durch grüne Auen und auch über steinige Berge. Und dabei denke ich nicht nur an die vielen ausgedehnten Wanderungen, die wir gemeinsam als Familie, aber auch mit Freunden vom Heimatverein unternommen haben. Du hast den Krieg erlebt, durchlebt und überlebt. Du hast die schwere Zeit danach gemeistert, damit wir, deine Kinder, es einmal besser haben sollten. Egal, wie schwer es dir das Schicksal machte, du hast dich niemals unterkriegen lassen. Du hast immer optimistisch in die Zukunft geblickt und an das Gute im Menschen geglaubt. An die Waldspaziergänge und Sonntagsausflüge erinnern wir

Rückblick auf den Lebensweg des Jubilars

Zum 80. Geburtstag

uns deshalb so gut, weil du uns nicht nur die Natur und die Landschaft nahe gebracht, sondern uns auf die Werke der Menschen aufmerksam gemacht hast. Eine geschnitzte Tür war eben nicht nur eine Tür, sondern das Leben der Landleute vor 200 Jahren. Und eine Burg war nicht nur ein Gebäude mit einem Museum drin und einem Kiosk davor, wo man Ansichtskarten und Stocknägel kaufen konnte; sie war das Zusammenwirken von Steinmetzen, Maurern, Zimmerleuten, von Bauern, Soldaten und Gänsemägden über viele, viele Generationen. Ich denke – und ich kann da für alle deine Kinder sprechen – gern an die Kindheit zurück. Du warst Mama immer ein guter Mann und hast mit ihr zusammen eine Familie aufgebaut, die diesen Namen wirklich verdiente. Du hast uns gelenkt und manchmal auch geschubst. Du hast uns getröstet und mit uns gelacht. Und wenn du mal streng warst, dann hatten wir das eigentlich auch meistens verdient.

Lebensmaximen des Jubilars „Wer rastet, der rostet", das war stets dein Motto. Noch heute lebst du danach. Sicher liegt darin das Geheimnis, dass du im hohen Alter noch so fit bist. Ob du nun in deinem Garten für Ordnung sorgst oder mal bei einem von uns etwas reparierst, was wir sonst hätten wegschmeißen müssen, ob du die Kinder hütest oder für die Nachbarn einkaufst – du bist immer gut drauf. Du schaffst es nicht nur, mit deiner Vitalität die ganze Familie auf Trab zu halten. Dein Rat ist auch immer noch gefragt, wenn im Heimatverein mal wieder ein altes Schriftstück auftaucht, mit dem keiner etwas anfangen kann, weil keiner außer dir die alte deutsche Handschrift lesen kann.

Ausbringen eines Toasts Wir alle wünschen dir von ganzem Herzen, dass es das Schicksal auch weiterhin gut mit dir meint und du so gesund und munter bleibst, wie du heute bist. Dass wir auf deinen Rat bauen können und auf dein oft unerwartetes Dazwischentreten nicht verzichten müssen, dass wir noch viele gemeinsame Stunden miteinander verleben können, darauf erhebe ich mein Glas. Unser lieber Vater, Großvater, Ehemann, Onkel, Großonkel – ach, was sage ich, der Ahnherr der Familie, er lebe hoch – hoch – hoch! Prost Papa!

Zum 90. Geburtstag

Die Tochter spricht zum Geburtstag ihrer Mutter

Typus:	*Ansprache*
Ort:	*Wohnung*
Anlass:	*Eröffnung der Kaffeetafel*
Publikum:	*Familie, enge Freunde*
Dauer:	*ca. 2 Minuten*
Stil:	*besinnlich*

Liebe Mutter,

90 Jahre deines Lebens vollendest du heute. Da hast du wirklich ein gewaltiges Stück Leben hinter dich gebracht.

Würdigung der Seltenheit des Anlasses

Wenn wir auf die Welt kommen, weiß niemand, wann es dem Herrn gefällt, uns wieder von dieser Welt abzuholen und in eine andere Welt zu führen. Den einen trifft es schon als Kind, dem anderen ist eine lange Lebensbahn beschieden. Du, liebe Mutter, gehörst zu denen, mit denen es der liebe Gott gut gemeint hat.

Nie hat dir das Leben etwas geschenkt. Du hast immer fleißig geschafft und bist niemandem etwas schuldig geblieben. Ob nun im Geschäft oder in der Familie, immer hast du deinen Mann gestanden oder, wie man heute sagt, deine Frau.

Rückblick auf den Lebensweg der Jubilarin

Dein Leben war reich an Glück, aber auch nicht ohne Kummer: drei Kinder, fünf Enkel, acht Urenkel – jedenfalls ist das der Stand von heute Mittag. Zwei Männer, die dich liebten, hast du überlebt. Sie können heute nicht bei dir sein. Aber wir, deine Kinder, Enkel und Urenkel, sind heute um dich versammelt, um dich zu ehren und um dir zu gratulieren.

Zum 90. Geburtstag

Betonung der Rolle in der Familie

Du hast zwar ein paar kleine Zipperlein, aber im Großen und Ganzen bist zu zum Glück noch ganz gut beieinander, wie man so sagt. Gebe der Herr, dass es noch lange so bleibt. Wir brauchen dich hier nämlich noch. Zu wem sollten wir Kinder denn gehen, wenn Weihnachten ist, wohin deine Enkel, wenn sie sich über uns, ihre Eltern, beschweren wollen. Und wer könnte deinen Urenkeln besser und lebendiger erzählen, wie es früher war.

Es macht uns immer froh, wenn wir dich besuchen kommen und dir erzählen können, wie es uns in der letzten Woche ergangen ist, was die Jüngsten angestellt haben und wie teuer die Orangen auf dem Markt waren. Und selbst wenn wir nur über das Wetter sprechen, es ist schön, dass du, liebe Mutter, noch bei uns bist.

Ein Prosit auf Vergangenheit und Zukunft

Und wenn jetzt jeder etwas im Glas hat, wollen wir anstoßen auf neun ereignisreiche, anstrengende, schöne und schwere Lebensjahrzehnte und alle auf Tage, die noch kommen werden.